FREDO BACHMANN · Aert van der Neer

FREDO BACHMANN

AERT VAN DER NEER

1603/4–1677

CARL SCHÜNEMANN VERLAG BREMEN

CIP-Kurztitelaufnahme der Deutschen Bibliothek

Bachmann, Fredo:
Aert van der Neer: 1603/4 – 1677 / Fredo
Bachmann. – Bremen: Schünemann, 1982
  ISBN 3-7961-1737-6

NE: Neer, Aert van der (Ill.)

Copyright © 1982 by Carl Ed. Schünemann KG, Bremen
Nachdruck – auch auszugsweise – nur mit Genehmigung des Verlages
Satz: Buhmeier Fotosatz, Bremen
Lithos und Druck: Asendorf GmbH, Bremen
Schutzumschlaggestaltung: effektiv-werbung Hans Eisermann
Bindearbeiten: Bernhard Gehring, Bielefeld
Printed in Germany 1982
ISBN 3 7961 1737 6

VORBEMERKUNGEN

Der Vorname des Künstlers wird mit langem a, nicht mit dem Umlaut ausgesprochen.

Die oft genannte Literatur und ihre Abkürzungen:

Cornelius Hofstede de Groot:

Beschreibungen und kritisches Verzeichnis der Werke der hervorragendsten holländischen Maler des 17. Jahrhunderts, Band VII.
Eßlingen und Paris 1918 = HdG

Wilhelm von Bode:

Die Meister der holländischen und flämischen Malerschulen.
Leipzig 1919: = Bode, Malerschulen
Die Graphischen Künste, Jg. XII Wien 1889 = Bode, Graphische Künste

Wolfgang Stechow:

Dutch Landscape Painting of the Seventeenth Century.
London 1968 = Stechow

Walther Bernt:

Die niederländischen Maler und Zeichner des 17. Jahrhunderts.
München 1979 = Bernt

Fredo Bachmann:

Die Landschaften des Aert van der Neer.
Neustadt 1966 = FB. Landschaften

Aert van der Neer als Zeichner.
Neustadt 1972 = FB. Zeichnungen

Der Landschaftsmaler Rafael Camphuysen.
München 1980 = FB. Camphuysen

6

INHALTSVERZEICHNIS

Farbabbildungen auf den Seiten 33–36, 69–72, 89–92, 109–112, 129

8

DAS LEBEN DES AERT VAN DER NEER

Wir wissen wenig über das Leben des Aert van der Neer. Nach seinen Angaben wurde er in Amsterdam geboren, aber das Geburtsjahr und die Eltern sind unbekannt. Er selbst wußte sein Alter nicht genau; bei verschiedenen Anlässen gibt er an, daß er etwa soundso alt sei. Man kann ausrechnen, daß er 1603 oder 1604 geboren sein muß; mehr spricht für 1603.

Der Vorname Aert ist eine Abkürzung aus Aernout (Arnold), der Familienname van der Neer und latinisiert Neranus war nicht selten; in Holland lebte damals noch ein Maler, der Aert van der Neer hieß. Um 1620 gab es einen Pfarrer Samuel Neranus in Amersfoort. Ob er mit dem Künstler verwandt war, wissen wir nicht; aber dieser Neranus war ein Freund des Dirk R. Camphuysen, das war der Oheim jener Maler, von denen bald die Rede sein wird.

Über van der Neers Jugendzeit erfahren wir ganz zufällig durch eine Notiz des Künstlerbiographen Houbraken (gest. 1719). Der berichtet ausführlich von Eglon van der Neer in der „Grooten Schouburgh", und dabei erfahren wir etwas über dessen Vater. Dieser Eglon „war der Sohn von Aernout oder Aert van der Neer, der in seinen Jugendjahren Verwalter bei den Herren van Arkel gewesen ist und sich schon damals mit der Kunst befaßt hat. Dann hat er sich nach Amsterdam begeben, um sich ganz der Malerei zu widmen. Durch sorgfältig ausgeführte Landschaften, besonders durch Mondscheinlandschaften, ist er berühmt geworden."

Das Gut Arkel lag wenige Kilometer nördlich von Gorinchem.

Diese Stadt, von alters im Volksmund Gorkum genannt, liegt dort, wo die Linge in die Mervede mündet. Gorkum hat einen kleinen Hafen und war eine Festung am Flußübergang der wichtigen Straße von Antwerpen nach Utrecht und Amsterdam. Kulturell war Gorkum nach Utrecht hin ausgerichtet; das zeigt sich dann auch in der Malerei des van der Neer. Übrigens sind mehrere tüchtige Maler aus Gorkum hervorgegangen.

9

Aus der Bürgerfamilie Camphuysen lebten damals noch zwei junge Maler, Rafael und Jochem, in Gorkum. Sie waren nur wenige Jahre älter als van der Neer, sie haben ihm die erste Anleitung in der Kunst gegeben. Außerdem sind später persönliche und künstlerische Beziehungen zwischen Aert und den beiden Brüdern nachweisbar, und schließlich verbindet alle drei das gemeinsame Thema der Nacht-landschaft.

Jochem ging schon 1621 nach Amsterdam, Rafael folgte 1626 und Aert schließ-lich um 1632, um sich dort ganz der Kunst zu widmen.

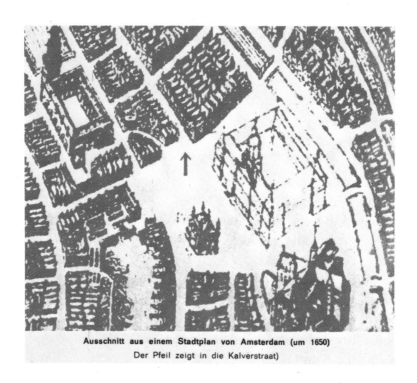

Ausschnitt aus einem Stadtplan von Amsterdam (um 1650)
Der Pfeil zeigt in die Kalverstraat)

Amsterdam hatte das Erbe Antwerpens angetreten und war eine Weltstadt geworden. Als die Spanier in Flandern einzogen, verließen viele Flamen aus religiö-sen, politischen oder wirtschaftlichen Gründen ihre Heimat. Sie kamen aus Kor-trijk, Mecheln und Antwerpen und zogen nach Frankenthal in der Pfalz oder nach Utrecht, am allermeisten aber nach Amsterdam. Die Maler unter den Flüchtlingen brachten den neuen flämischen Stil mit, der auf die aufblühende holländische Landschaftsmalerei befruchtend gewirkt hat und von dem auch van der Neer hat profitieren können. Selbst Holländer verließen die berühmten alten Malerstädte und strömten nach Amsterdam. Rembrandt trennte sich 1632 von seiner Vaterstadt Leiden, um für immer an den Ufern der Amstel zu bleiben.

Denn die Stadt war durch die Schätze Ostindiens reich geworden, sie war eine Handels- und Hafenstadt mit Kapitalüberfluß, dazu eine weltoffene Stadt und bald der bevorzugte Ort für den Kunsthandel und für die Künste selbst.

Wie es damals dort ausgesehen hat, erzählt uns die 1663 erschienene „Beschreibung der Stadt Amsterdam" des Nürnbergers Philipp von Zesen. Der aus Gorkum gebürtige Jan van der Heyden hat uns die Straßen und Plätze in seinen Gemälden geschildert; die Umgebung lernen wir aus Rembrandts Radierungen kennen, und auch Aert van der Neer suchte sich die Motive seiner Landschaften aus der Nähe der Stadt.

Aert war mit Elisabeth Goverts verheiratet. Abgesehen von den frühverstorbenen gingen vier Kinder aus dieser Ehe hervor.

Eglon Hendrik (geb. 1634) wurde jener von Houbraken gefeierte Künstler, Pieter wurde Diamantschneider, Jan wurde auch Maler und Cornelia (geb. 1643), bei deren Taufe jener Rafael Camphuysen aus Gorkum als Zeuge genannt wird, heiratet später den Schneider Warner Verdijk. Der machte die Kleider für seinen Schwiegervater.

Die Söhne, die Maler wurden, lernten in der Werkstatt des Vaters. Jan malte in dessen Art, er wird uns später noch beschäftigen. Eglon bevorzugte die modische Malerei des vornehmen Genres, wie sie Frans van Mieris und Gabriel Metsu pflegten. Während der Vater – ein bedeutender Künstler – sein Leben lang im Hintergrund blieb, kam Eglon bald zu Erfolg und Ehren. Er lebte zunächst in Brüssel und wurde dann Hofmaler in Düsseldorf. Unter seinen zahlreichen Nachkommen waren einige bemerkenswerte Künstler.

Es kann Aert van der Neer nicht immer nur schlecht gegangen sein, wie man im 19. Jahrhundert angenommen hat. Vorzügliche Bilder auch im großen Format wurden von ihm selbst (mit kleinen Abänderungen) wiederholt, weil sie Anklang bei den Käufern fanden. Freilich standen Tierstücke und Landschaften am niedrigsten im Preis, und das maßgebende Publikum blieb vorwiegend romanistisch gesinnt; aber neuerdings hat sich herausgestellt, daß unter den 880 Gemälden, die der Erzherzog Leopold Wilhelm von Österreich gesammelt hat, auch ein Werk des van der Neer gewesen ist[1]). Als sich später der Zeitgeschmack geändert hatte, wurde seine Kunst gering bewertet, wie wir aus dem Nachlaßinventar erfahren.

---

[1]) Es handelt sich um das Bild „Kanal mit einem Holzsteg im Mondschein" (Abb. 64), das 1656 im Besitze des Erzherzogs war. Vgl. R. Baumstark, Meisterwerke der Slg. des Fürsten von Liechtenstein. München 1980 S. 219

Die Zahl der Maler, die in Amsterdam lebten, war groß; reich wurde selten einer, und van der Neer war vielleicht ungeschickt im Umgang mit dem Geld. Wir wissen nicht genau, was ihn bestimmt hat, im Jahre 1658 einen Weinschank in der Kalverstraat zu pachten. Vermutlich war der Verkauf seiner Bilder zurückgegangen, er mußte also Vorsorge treffen für sich, für seine alten Tage und auch für seinen Sohn Jan, der mit ihm in der Werkstatt tätig war und der beim Weinhandel helfen sollte.

Denn es konnte dem Vater nicht verborgen bleiben, daß diesem Sohne Jan das Wichtigste zum Künstlerberuf fehlte, die natürliche Begabung. Als um 1900 die Urkunden zum Pachtvertrag gefunden wurden, glaubte man zunächst, es müsse zwei Männer gleichen Namens in Amsterdam gegeben haben; man konnte sich nicht vorstellen, daß der Schöpfer der poetischen Mondscheinlandschaften zugleich auch ein Gastwirt gewesen sein sollte. Aber so ungewöhnlich war das damals nicht. Viele Maler in Holland haben einen zweiten Beruf ausgeübt, der mehr einbrachte, und gerade Wirtshaus und Kunsthandel haben sich gut miteinander vertragen; so war Johannes Vermeers Vater Gastwirt und Kunsthändler in Delft, Jan Wynants war auch Schankwirt und Jan Steen Maler, Brauer und Wirt. Jedenfalls wird van der Neer dann „Hospes in de Graeff van Hollant" genannt. Die Kalverstraat, die vom Dam aus nach dem Reguliersturm führt, war eine der wichtigsten Straßen der Stadt; dort wohnten mehrere Maler, dort gab es Kunsthandlungen und auch den berühmten Verlag der Visscher.

Aber als Wirt zeigte sich Aert den praktischen Dingen des Lebens nicht gewachsen. Die Pacht von jährlich 1100 Gulden war viel zu hoch, wie uns Kenner der Geldverhältnisse versichern, und dazu kamen noch allerhand Auflagen des Besitzers. Schon 1662 wurde Aert zahlungsunfähig; er mußte verkaufen, was ihm gehörte. Wir erfahren einiges aus dem Inventar, das in dieser leidigen Angelegenheit angefertigt worden ist.

Was sein Eigentum war – die Möbel usw. – wurde versteigert. Die Räume waren leidlich ausgestattet, sogar etwa 30 Bilder hingen herum, aber das will nicht viel sagen; Gemälde waren billig und auch in einfachen Häusern zahlreich anzutreffen, und dem Schätzwert nach sind es die besten nicht gewesen.

Glücklicherweise konnte er alle Schulden bis auf einen kleinen Rest abtragen. Eine Rehabilitierung war unbedingt notwendig, er wäre sonst in seiner Tätigkeit als selbständiger Künstler beeinträchtigt worden. Nach dem geschäftlichen Mißgeschick brach das persönliche Unglück über ihn herein. In den frühen sechziger Jahren starb seine Frau; der Sohn Jan, mit dem er zusammenarbeitete, starb 1665, 27 Jahre alt.

DAS NACHLASSINVENTAR DES A. V. D. NEER

Aus dem Holländischen
nach A. Bredius: Arnout van der Neer („Oud Holland" Bd. 18)

Hier folgt das Verzeichnis der Gegenstände, die durch den Tod des Arnout van der Neer, zu Lebzeiten Kunstmaler*), zur Verfügung gekommen sind. Er ist am 9. November 1677 gestorben und hinterläßt 3 Kinder: Pieter van der Neer, Eglon van der Neer und Cornelia van der Neer, Ehefrau des Warner Verdijck. Besagte Kinder beanspruchen den Nachlaß nicht anders als unter jenen Bedingungen, die in der Urkunde vom 12. November vom Notar aufgeführt und beglaubigt worden sind. Der Akt hat in der Kerckstraat bei der Leytsestraat öffentlich ausgehangen und lautet folgendermaßen:

(Außer dürftigem Hausrat finden wir eine Anzahl Gemälde, die von Lijsbeth Martens geschätzt wurden. Wir werden sehen, daß sie keine hohe Meinung von van der Neers Kunst hatte.)

	Gulden		Stüber
Zuerst:			
4 Porträts, drei Frauen und ein Mann	5	-	0
ein kleines Bild mit einem Gesicht, ein ebensolches, das ein Wappen darstellt	1	-	0
ein kleines Gemälde, darauf ein See	2	-	0
2 ebensolche, etwas kleiner, sind Landschaftsbilder	2	-	0
3 kleine Porträts	2	-	0
ein ebensolches, darauf drei Personen und ein ganz kleines ohne Rahmen	3	-	0
Gemälde ohne Rahmen:			
ein ebens., ohne Rahmen, stellt eine Feuersbrunst dar	20	-	0
ein ebens., kleiner, darauf einige Personen	6	-	0
ein ebens., darauf ein See	1	-	10
ein ebens., darauf ein Kind mit einigen Früchten	1	-	10
5 kleine Gemälde, die fünf Sinne darstellend	10	-	0
ein ebens., eine Mondlandschaft	3	-	0
ein ebens., auch eine Mondlandschaft	3	-	0
ein ebens., eine Abendlandschaft	3	-	0
ein ebens., eine Winterlandschaft	5	-	0
9 kleine Gemälde	1	-	10

Dann folgt einiges Küchengerät, 12 Laken, 12 Männerhemden (so gut wie unbrauchbar!), 7 Tischtücher und 12 Servietten, 6 Handtücher, 19 alte Kopfkissenüberzüge, Rock und Hose aus gefärbter Serge (NB noch unbezahlt), 3 Straußeneier, ein alter schwarzer Hut, eine Staffelei und einige wenige Drucke, geschätzt auf 5 Stüber.

Die ganze Hinterlassenschaft hat einen Wert von brutto 281 Gulden.

Solchergestalt getan und beschrieben nach den Angaben von Pieter van der Neer und Warner Verdijck, dem Schwiegersohn, (Eglon, der Maler, war nicht hier) zu Amsterdam, am 19. Januar 1678

	Gulden		Stüber
Die Begräbniskosten, bezahlt von Warner Verdijck, betrugen	54	-	7
Unter den Lasten finden wir:			
eine Rechnung über fünfviertel Jahr Zimmermiete	58	-	0
eine Rechnung von Warner Verdijck über ein Gewand aus Serge, das er dem Verstorbenen geliefert hat	22	-	9
eine Rechnung von Pieter van der Neer	18	-	18
und noch einige Kosten für Siegel usw.			
An den Notar war noch zu entrichten	12	-	6

Urkundlich gegeben durch die hieroben erwähnten Kinder   am 21. Januar 1678

*

Also das war das Ende eines unserer größten Landschaftsmaler!

---

*) Hier also nicht mehr Gastwirt genannt!

Wahrscheinlich hat es dem Künstler öfters am Gelde gefehlt, sicher wissen wir nur, daß er in bitterer Armut endete. So ging es vielen Malern jener Zeit; wir denken an Hercules Seghers oder an Frans Hals, und auch van der Neer hat am 9. September 1677 sein Leben in einer kärglichen Kammer in der Kerkstraat beschlossen.

Die Trostlosigkeit seines Lebensabends wird aus dem Nachlaßverzeichnis deutlich, das 1678 angefertigt wurde. Die Kinder traten die Erbschaft nur unter Vorbehalt an. Die Versteigerung seines geringen Eigentums erbrachte 281 Gulden brutto.

Eine gewisse Lijsbeth Martens leitete die Versteigerung. Sie hatte keine große Meinung von seiner Kunst. Einige Mondscheinlandschaften wurden auf je 3 Gulden, eine Winterlandschaft wurde auf 5 Gulden geschätzt. Unter die Lasten fielen einige unbezahlte Rechnungen, darunter eine seines Schwiegersohnes Warner Verdijk von 22 Gulden 9 Stüber für eine Gewand aus Serge, das er dem Verstorbenen geliefert hatte. Nach dem Abzug der Unkosten für Notar, Begräbnis usw. blieben etwa 116 Gulden.

Im 17. Jahrhdt. wurde der Künstler in Holland – von Ausnahmen abgesehen – dem Stande der Handwerker zugerechnet, und es scheint, daß Aert van der Neer darin wurzelte. Wir wissen wenig von dem Verhältnis zu seiner Umwelt. In Amsterdam wohnten seine Kinder außer Eglon, der selten dahin kam. Noch blühte die alte Freundschaft zu den Brüdern Camphuysen aus Gorkum; da wird urkundlich erwähnt, daß Rafael als Taufpate bei Aerts Tochter Cornelia auftrat; und kürzlich wurde ein kleines Landschaftsbild gefunden, das Aert zusammen mit Jochem Camphuysen signiert hat[2]. Auch stilistische Übereinstimmungen lassen die Verbindung untereinander erkennen.

Eine nachweisbare Zusammenarbeit, die auch eine persönliche Begegnung voraussetzt, bezeugt die „Waldlandschaft mit Nymphe" (in Privatbesitz), die die Signaturen von van der Neer und von Pieter Quast trägt; und Hostede de Groot erwähnt einige Künstler, von denen er annimmt, daß sie van der Neers Landschaften staffiert hätten.

Schließlich war er mit einem Gelehrten der Stadt, mit Jacobus Heyblock, dem Rektor des Gymnasiums, bekannt. In dessen Freundschaftsalbum finden wir zwei Zeichnungen des van der Neer. Er hat auf gegenüberliegenden Seiten links eine Hafenansicht, rechts eine Winterlandschaft dargestellt[3]. Sie zeigt den Blick auf den Montalbaansturm mit der Alten Schanze, ein beliebtes Amsterdamer Motiv.

Im allgemeinen war er am Topographischen nicht interessiert. Vielleicht ist er nicht weit herumgekommen im engen Vaterland, denn was auf seinen Gemälden an fremde Städte erinnert, war auch aus Kupferstichen bekannt. Aert hat auf seine

14

[2] Vgl. Oud Holland 1975 Seite 215 (hier Abb. 2)
[3] Vgl. FB. Zeichnungen VII und VIII und hier Abb. 105 und 106

eigene Weise mitgewirkt, das freundliche Portrait Hollands zu gestalten.

Erst nach seinem Tode wurde sein Werk hochgeschätzt. Da bemühten sich die Sammler und die fürstlichen Galerien um eine Mondscheinlandschaft; die Preise, die dafür bezahlt wurden, gingen in die Höhe, und es entstanden viele Kopien und Fälschungen. Außerdem kennen wir mehr als 50 Künstler aus dem 18. und 19. Jahrhundert, die seine Landschaften in verschiedenen graphischen Techniken vervielfältigt haben.

Seine Kunst war damals weit bekannt; man sprach in Holland von „maaneschijntjes" und „wintertjes" und in Deutschland von „Tag-van-der-Neers" und von „Nacht-van-der-Neers". Auch Goethe hatte davon eine genaue Vorstellung. In einem Briefe vom 30. Mai 1787 aus Neapel und in seinem Bericht von der Reise an Rhein und Main (1814–15) erwähnt er den Künstler besonders[4].

Wir kennen kein Bildnis von van der Neer, aus dem man vielleicht etwas herauslesen könnte, kein Schriftstück ist erhalten, nur einige eigenhändige Unterschriften. So stehen viele Vermutungen den wenigen Nachrichten gegenüber, und es bleibt dem Zufall überlassen, ob sich jemals noch eine neue Quelle erschließt[5].

Unterschriften des Künstlers aus dem Jahre 1642 (oben)
und aus dem Jahre 1659 (darunter)

15

---

[4] Vgl. auch FB. Landschaften Seite 71 ff.
[5] Der Text ist teilweise einem Aufsatz des Verfassers entnommen, der 1970 in der Zeitschrift „Die Weltkunst" erschienen ist und in dem auch die Forschungsergebnisse des A. Bredius verwertet worden sind.

16

I

DIE FRÜHEN BILDER

Das Werk des van der Neer läßt sich in vier große Abschnitte einteilen. Eigenartigerweise passen diese Abschnitte ungefähr in die Jahrzehnte, in die 30er, 40er und 50er Jahre, an die allerdings die 60er zunächst ohne auffällige Änderungen anschließen.

Voraus gehen eklektische Versuche, und zuletzt folgt ein Abklingen im späten Stil mit einem allmählichen Nachlassen der Kraft.

Die Landschaften der 30er folgen dem spätmanieristischen Stil; in den 40ern ging es zunächst hauptsächlich um die Entwicklung der Raumillusion. Die 50er und alle danach bringen jene Nacht- und Winterbilder und die Tag- und Abendlandschaften, bei denen die Darstellung der Lichtverhältnisse im Mittelpunkt steht. Sie folgen der Komposition, die van der Neer selbst entwickelt hat. Diese Werke haben seinen Ruhm ausgemacht.

Den wenigen frühen Bildern, die man bis um 1900 kannte, gestand man keinen besonderen Charakter zu; die Werke der 40er schätzte man nicht besonders; und man hielt das Jahr 1646 für den wichtigen Wendepunkt zwischen „Frühzeit" und „Reifezeit", wobei die Frühzeit allerdings bis ins 43. Lebensjahr des Künstlers ausgedehnt wurde, ein Alter, in dem einige bedeutende holländische Maler ihr Lebenswerk schon abgeschlossen hatten. (Is. van Ostade starb mit 28, P. Potter mit 29 und C. Fabritius mit 32 Jahren.)

Vermutlich hat sich van der Neer zunächst mit mythologischen und genrehaften Darstellungen versucht, bei denen die menschliche Figur groß im Vordergrund steht. Diese Bilder sind nur an seinem Namenszug als Werke seiner Hand zu erkennen. Die wenigen, die aufgefunden wurden, geben uns Hinweise auf seine Anfänge. Demnach stand er vielen Einflüssen offen; es waren mehr oder weniger erfolgreiche Künstler seiner nächsten Umgebung, denen er nachfolgte. Was in Gorkum und in Utrecht in diesen Jahren gemalt wurde, konnte dem jungen van der Neer nicht verborgen bleiben.

Das früheste bekannte Gemälde ist die

Abb. 1 „GESELLSCHAFT AM KAMIN", dat. 1632
(HdG –. H., 48 x 40 cm) in Prag (Nationalgalerie).[6]
Auf der Rückseite mit vollem Namen bezeichnet und datiert.

Das erst 1962 in Reichenberg in Böhmen aufgefundene Gemälde kommt aus der ehemaligen Gräflichen Sammlung Thun in Prag. Es ist ein „Wachtstubenbild" mit vier Personen, von denen ein Soldat und eine Dame Tricktrack spielen. Die Dielen des Zimmers sind perspektivisch konstruiert; der Fluchtpunkt liegt auf der linken Bildkante in Augenhöhe des stehenden Soldaten. A. van der Neer hatte also damals schon Unterricht in der Zentralperspektive genossen, das erste, was ein angehender Künstler in Holland erlernen mußte. Diese Art Bilder wurden besonders in Haarlem und in Amsterdam gepflegt, doch wir kennen solche auch von Jacob Duck in Utrecht und von dem in Gorkum geborenen und im nahen Heusden tätigen Jan Olis. Es liegt nahe, unter den sonst oft ähnlichen Genrestücken die des Olis als Vorbild hier anzunehmen; dessen ziemlich rohe Figuren – breitspurige Leute mit fleischigen Nasen – weisen darauf hin[7].

Es sind nicht nur die frühen Arbeiten, die sehr verschiedene Darstellung mit Personen zeigen; es entstehen auch später noch ähnliche Bilder, wohl Aufträge mit Aussicht auf sicheren Verdienst[8].

An dem frühen Genrebild läßt sich erkennen, daß van der Neer an der Figurendarstellung interessiert war. Im 19. Jh. war man der Meinung, daß A. Cuyp die Staffage in einige Landschaften eingemalt habe, so bei der umfangreichen „Weidelandschaft" in London (Abb. 57), auf der nachträglich sogar das Monogramm Cuyps angebracht wurde. Genau wissen wir nur von Jochem Camphuysen und von Pieter

18

---

[6] Vgl. Oud Holland 1962 S. 57
[7] Vgl. Bernt Nr. 937 „Musikgesellschaft" von Jan Olis.
[8] Vgl. Seite 58
HdG hat sechs Darstellungen mit biblischem und profangeschichtlichem Inhalt aufgeführt. Sie sind alten Katalogen entnommen, und HdG selbst hat keines davon gesehen. Vielleicht steht nur „Pyramus und Thisbe" (HdG 5) zurecht im Katalog; es ist eine solche Darstellung – allerdings auf Holz und mit anderen

Quast, daß sie zusammen mit van der Neer je ein Bild signiert haben.

A. van der Neer hat von Anfang an über eine natürliche Begabung bei der Darstellung von Mensch und Tier verfügt. Er hat später Winterbilder mit mehr als hundert Personen gemalt; er hat gern Figuren gezeichnet; aber seine besondere Begabung lag auf dem Gebiete der Landschaftsmalerei.

DIE FRÜHEN LANDSCHAFTEN

Neben Gorkum selbst ist es die vielseitige Ausstrahlungskraft Utrechts gewesen, die auf van der Neer eingewirkt hat. Gorkum blickte nach Utrecht. Beide Städte liegen an der großen Straße, die von Antwerpen nach Amsterdam führt, und Utrecht hatte seit langem Aufnahmebereitschaft für die von Süden her kommenden Neuerungen auf dem Gebiete der Kunst bewiesen.

Es ist bekannt, welch weitreichenden Einfluß die flämischen Emigranten auf die Entwicklung der holländischen Landschaftsmalerei genommen haben. Tatsächlich finden sich auch im Jugendwerk des van der Neer Stilmerkmale, die eindeutig südniederländischer Herkunft sind. Sie weisen auf drei Künstler hin, auf Gillis de Hondecoeter, Roeland Savery und Alexander Keirincx[9].

Diese drei hatten alle mehr oder weniger enge Beziehungen zu Utrecht; und es ist wohl dem Zufall örtlicher Umstände zuzuschreiben, wenn van der Neer ihrer Kunst dort begegnet ist. Der 1575 geborene Hondecoeter war 1602 aus Antwerpen nach Utrecht gekommen, aber schon 1610 nach Amsterdam weitergezogen; er ist vermutlich später noch vorübergehend in Utrecht gewesen. Roeland Savery (geb. in Kortrijk 1576) hatte sich nach langen weiten Reisen in Utrecht niedergelassen und blieb 20 Jahre bis zu seinem 1639 erfolgten Tode in dieser Stadt; und Keirincx (1601 geb. in Antwerpen) hat sich um 1630 zeitweise in Amsterdam und in Utrecht aufgehalten. Diese drei Flamen hielten übereinstimmend an Stilmerkmalen fest, die auf Gillis van Coninxloo zurückgehen.

Aber es ist nicht ausgeschlossen, daß van der Neer erst in Amsterdam mit diesem Stil in Berührung kam, als er sich schon praktisch mit der Landschaftsmalerei beschäftigte; und vielleicht haben die Brüder Camphuysen dabei eine Mittlerrolle gespielt. Jedenfalls läßt sich in Holland in den 30er Jahren des 17. Jahrhunderts ein starker Einfluß flämischer Kunstmittel nachweisen, und die Anfänge des van der Neer wurzeln in der spätmanieristischen flämischen Landschaftskunst.

Aert van der Neer war ein Landschaftsmaler; er war es in der Tat und seiner Begabung nach. Die nach 1632 erfolgte Übersiedlung nach Amsterdam hatte die Wendung zur Landschaftsmalerei gebracht.

Maßen – aufgetaucht. Jener „Brand von Troja" (HdG 6) könnte ein Werk des Pieter Schoubroeck gewesen sein. Dann gibt es bei HdG noch „Darstellungen mit abweichenden Motiven" (von 605 bis 621 A), von denen einige bekannt geworden sind.
[9] Vgl. Oud Holland 1975 S. 214 ff.

Zunächst entstanden wohl einfache kleine Gemälde unter der Anleitung des Jochem Camphuysen, z. B. die

Abb. 2 „LANDSCHAFT MIT DEM BAUERNHOF", dat. 1633
(HdG –. H., 31 x 49 cm)[10]

Das Bild ist am Zaun links mit A v Neer und dem Monogramm des Jochem Camphuysen signiert und 1633 datiert. Damit ist die seit langem vermutete Zusammenarbeit der beiden erwiesen.

Mit der hohen Bildmitte, mit beiderseitigen Durchblicken in Talmulden und wiederaufsteigenden Rändern wird eine geschlossene symmetrische Komposition durchgeführt. Die Gruppe mit den wehenden Bäumen und dem ärmlichen Gehöft erinnert an die pittoresken Bauernlandschaften des A. Bloemaert; und wenn sich die Mitarbeit des Jochem nicht nur auf das ganz Allgemeine beschränkt haben sollte, dann sind wohl die Schloßgebäude von ihm. Nur der freundliche Ausblick auf Dorf und Kirche läßt schon an van der Neer denken. Die ungeschickten, auf alle Wege verteilten Staffagefiguren haben einen derben, ja häßlichen Gesichtsausdruck.

Dieses Landschaftsgemälde ist eines der ersten des Künstlers, wie sich an der Unsicherheit in der Darstellung des Terrains, in der willkürlichen Lichtführung und der wenig überzeugenden Anordnung erkennen läßt. Es muß bereits in Amsterdam entstanden sein, wo sich Jochem seit 1621 aufhielt. Damit wird der Zeitpunkt der Ankunft des van der Neer bestimmt; er ist demnach kurz vor 1633 dort eingetroffen.

Die frühen Landschaften verraten schon ein gewisses Interesse an der Raumdarstellung, aber die besondere Vorliebe gehört dem Baumleben; da wirken sie flämisch. Der wichtigste Gegenstand dieser Landschaften sind die schöngestalteten fülligen Laubbäume, die hoch aufragen und wenig Platz für den Himmel lassen. Sie kommen von A. Keirincx her. Wir finden sie auch in den 40er Jahren oft – nach 1643 mit veränderter Laubdarstellung – bis kurz vor der Jahrhundertmitte, wo sie mit ihrem barocken Umriß die Hälfte des Bildraumes einnehmen, und selbst auf den

20

---

[10] Vgl. Oud Holland 1975 S. 215

Nachtstücken der 50er säumen sie die buschigen Ufer und spiegeln sich im Wasser wie bei S. van Ruysdael.

Aber gleichzeitig tritt auch ein anderer Typ auf, ein Kontrastbaum, der karg und kümmerlich im Vordergrund steht und den Gehalt um eine Nuance bereichert, der Jammerbaum. Er ist unsymmetrisch, leicht gekrümmt, mit starken Aststümpfen und toten rindelosen Ästen als den deutlichen Spuren des Lebenskampfes. Er wird aus Hondecoeters Landschaften wörtlich übernommen und kommt zuerst auf der „Landschaft mit einem Wirtshaus" (Abb. 5) vor[11].

Der Himmel hat noch nicht viel Platz und auch noch nicht viel Bedeutung; und die Wolkenbildung bleibt schematisch.

Auch die Staffage – unerheblich und untergeordnet – scheint nur ein Zubehör, eine angemessene Ergänzung.

Das Format der frühen Bilder ist manchmal ungewöhnlich breit (1 zu 2), dann auch kreisrund oder oval. Art van der Neer hat 1645 ein letztes rundes Bild gemalt (HdG 225).

„WALDSTÜCK MIT FLUSS UND BRÜCKE", dat. 1635	Abb. 3

„WALDSTÜCK MIT FLUSS UND BRÜCKE", dat. 1635
(HdG –. H., 32,5 x 49,5 cm) Privatbesitz

Das Bild ist mit A·V·NEER bezeichnet und hat noch das breite Bildformat der älteren Zeit. Es folgt dem spätmanieristischen Kompositionstypus mit dem „flämischen Durchblick", der aber in Holland nie recht heimisch geworden ist.

Das Bild wirkt altertümlich mit seinen drei „Gründen" (Vordergrund, Mittelgrund und Hintergrund), die sich gegenseitig scharf abgrenzen. Hinter der schmalen Vordergrundbühne öffnen sich die Kulissen der anspruchsvollen Bäume, und ohne Verbindung zeigt sich in unwahrscheinlicher Ferne blaß und stark verkürzt der Hintergrund auf tief liegendem Horizont. Diese Komposition hatte van der Neer schon auf jenen in Utrecht entstandenen breitformatigen Tierlandschaften des Roeland Savery beobachten können; und die uralten starken Bäume mit den zerklüfteten Stämmen, mit der aufs Ornamentale abzielenden Ausformung der Zweige und dem perückenförmigen Umriß der Blattbüschel folgen dem Vorbilde des G. de Hondecoeter und dessen Landsmannes A. Keirincx[12].

Diese waagerecht gegliederte Kulissenlandschaft wirkt gestellt. Sie verwehrt dem Betrachter den Zugang. Ihre strenge Ordnung im Aufbau hat etwas Grundsätzliches an sich, wie ein Beispiel methodischer Arbeitsweise.

Von da ab hat der nahgesehene große Baum aus den Bildern des Hondecoeter eine belangreiche Rolle im Werke des van der Neer gespielt.

21

---

11) Vgl. Oud Holland 1975 Abb. 5
12) Vgl. Oud Holland 1975 S. 216

Ein Interesse an der Darstellung der Raumillusion ist zwar beim „flämischen Durchblick" erkennbar, aber dieses Kunstmittel war in den Niederlanden bereits veraltet, als van der Neer sich seiner bediente; hatte doch v. Goyen schon 1628 Landschaften mit kontinuierlichem Tiefenzug geschaffen.

Später, doch noch im selben Jahre, entstand die

Abb. 4   „LANDSCHAFT MIT VIER KÜHEN", dat. 1635
(HdG 74. H., 100 x 97,5 cm) bezeichnet AERT VAN NEER.
Ehemals in Philadelphia/USA (Wilstach Museum)

Das Gemälde ist leider links um ein Viertel der Breite gekürzt worden; es hat dadurch sehr in seiner Wirkung eingebüßt. Im ganzen ist es dem G. de Hondecoeter verpflichtet.

Das zeigt sich auffällig an dem seitlichen Herausstecken von Zweigen aus dem natürlichen Baumumriß und an der ornamentalen Ausformung des Blattwerkes.

Die angeschnittene Baumgruppe links und die Tiergruppe sind ihm nachempfunden wie sonst nirgends; die Weide steht auf einem kegelförmig ansteigenden, vom Wurzelwerk umklammerten Erdhaufen wie auf den Waldbildern des Coninxloo[13].

Bemerkenswert sind auch die Bemühungen um die Tiefenillusion. In der Bildmitte kann man noch die waagerecht gelagerten „Gründe" aufspüren, und links führt ein jetzt nur teilweise erhaltener Weg geschlängelt nach hinten. Es ist ein großer Verlust, daß dieses Bild verstümmelt wurde; es war von hoher Qualität.

Abb. 7   „SOLDATEN VERLASSEN EINE BRENNENDE STADT", dat. 1637
(HdG –. H., 37,5 x 51,5 cm) Privatbesitz[14]

Erst kürzlich wurde ein frühes Brandbild von van der Neer mit der Datierung 1637 aufgefunden. Wir sehen links eine Stadt mit einer großen Kirche (der in Gorkum ähnlich), zahlreiche Soldaten mit Pferden und Wagen und darüber bis an den oberen Bildrand steigend eine braunrote Brandwolke. Der entspricht auf der rechten Bildhälfte ein uralter Baum mit zerklüftetem Stamm in der Art des Keirincx. Die Laubmassen werden vom Feuerlicht gefärbt – eine erstaunliche Feinheit in früher Zeit.

Es ist ein merkwürdiges Bild, bei dem die Landschaft mit den Gebäuden, mit Bäumen und dem sehr hohen Himmel ein großes Gewicht behält, während der bemerkenswerte Vorgang mit den zahlreichen Menschen nur eine geringe Fläche

22

---

13) W. Stechow kam bei der Betrachtung dieses Bildes zu der Überzeugung, daß zwischen Coninxloo und A. Keirincx einerseits und Jochem Camphuysen und van der Neer andererseits ein enger Zusammenhang bestehen muß (a. a. O. S. 69). Vgl. auch Oud Holland 1975 S. 217-218.
Die ursprüngliche Größe des Gemäldes war ungefähr 100 x 130 cm.
14) Verst. Christie's New York am 12. VI. 81

beansprucht. Die Farben, das Braunorange der Brandwolke vor einem blaß graublauen Himmel und die dunkelbraunen Teilflächen geben einen ungewöhnlich
reizvollen Zusammenklang; es ist ein Bild von hoher Qualität.

Ikonographisch geht die Darstellung der Menschengruppe auf Esajas van de
Velde zurück; wir nennen die „Plünderung eines Dorfes", dat. 1620, in
Kopenhagen[15].

Aber da müssen andere Vorbilder eingewirkt haben. Von den Camphuysen können wir nicht sprechen; es ist noch kein Brandbild von ihnen bekannt geworden.

Andere Gemälde aus dieser Zeit sind die ovalen Gegenstücke

<table>
<tr><td>„LANDSCHAFT MIT DEM WIRTSHAUS" und</td><td>Abb. 5</td></tr>
<tr><td>„LANDSCHAFT MIT EINEM KLEINEN SCHLOSS"</td><td>Abb. 6</td></tr>
</table>

(HdG 82 und 81. H., 39,2 x 53,2 cm) in Toledo/USA (Museum of Art)
nicht signiert

Es sind echte Gegenstücke auch dem Sinne nach, die das vornehme und das einfache Leben darstellen. Auf beiden Bildern wird nach altem Brauch der Erdboden
in drei waagerechte Schichten zerteilt, auf denen sich Hell und Dunkel abwechselt;
und auch sonst lassen sich die verschiedenen Einflüsse erkennen, denen der Künstler damals ausgesetzt war.

Das schmale Schlößchen mit dem hohen Portal erinnert an Jochem Camphuysen. Reichlich steif und gemessen in Haltung und Bewegung zeigt sich die vornehme Staffage. Sie kommt ähnlich auf Jan van de Veldes Stichen vor, z. B. auf dem
Blatte JANUARIUS aus den Großen Zwölf Monaten. Die großen Bäume in der
Bildmitte wirken ganz flämisch; sie scheinen aber doch später zu sein als der sträh-
nige Baum auf dem Brandbild von 1637.

„LANDSCHAFT MIT JÄGER UND FUSSGÄNGERN", dat. 1639   Abb. 8
(HdG 18. L., 31 x 43 cm) in Amsterdam (Reichsmuseum)

Sie ist weniger, wie HdG im Werksverzeichnis vermutet, in der Art des Rafael
Camphuysen gemalt, als in der des G. de Hondecoeter. Es herrscht Seitenlicht. Der
wichtige Bildraum ist eine schmale Vordergrundbühne; die Farben werden von
einem blassen Graugrün bis Graubraun bestimmt; und alles steht ziemlich vereinzelt nebeneinander.

23

---

15) Abb. bei Stechow a. a. O. Nr. 347

Abb. 9 „DER EICHWALD"
(HdG –. L., 65 x 54 cm) signiert mit dem Monogramm

Das großartige Gemälde fällt durch seine besondere Komposition auf. Die prächtigen Eichbäume rechts und links, die fast bis zum oberen Bildrand aufragen, sind so angeordnet, daß sich zwischen ihnen in der Bildmitte ein dreieckiger offener Raum ergibt. Er wird von Bodenwellen und herumliegenden Ästen und Stämmen ausgefüllt. Dort bewegen sich auch zahlreiche Personen, die an die Welt des Jan Brueghel erinnern.

Die Bäume stehen plastisch im Raum und sind schichtenweise gegeneinander abgesetzt; die Laubmassen werden durch breite, hellbeleuchtete Blattbüschel unterteilt, wie es seit Coninxloo in dessen Nachfolge üblich war, und auch die Struktur der Baumstämme schließt an G. de Hondecoeter und A. Keirincx an. Es herrscht Seitenlicht; am Himmel sammelt sich ein dunkler Wolkenballen in der linken Bildecke, das ist eine Sache der Komposition ohne Studium des Himmels, wie das noch auf einigen Landschaften der frühen 40er Jahre vorkommt.

Das füllige Baumleben zeigt die Freude an der flämischen Waldlandschaft, ein Zeichen, welchen Einfluß Hondecoeter auf den jungen Künstler gehabt hat. Dieser Einfluß hat den Charakter der Bilder in den 30er Jahren und noch darüber hinaus bestimmt.

Wir hoffen, daß noch mehr Gemälde aus den 30er Jahren aufgefunden werden. Es ist möglich, daß sie neuartige und ganz abweichende Darstellungen bringen, die uns staunen lassen.

Wenn man von einem Lehrer des van der Neer sprechen will, dann ist es G. de Hondecoeter gewesen; sein Einfluß in den Landschaften der 30er Jahre ist unverkennbar. Hondecoeter war im Herbst 1638 in Amsterdam gestorben. (Savery starb im Februar 1639 in Utrecht.) Der Stil, der van der Neer beeindruckt hatte, war überaltert und ging seinem Ende entgegen. Eine Wende setzte gegen 1640 ein. Wenn wir nun annehmen, daß diese drastische Stiländerung unmittelbar mit dem Tode des Hondecoeter zusammenhängt, dann müßte das Verhältnis zwischen Lehrer und Schüler eng und wohl auch persönlich gewesen sein, und einer Mittlerschaft des Jochem Camphuysen hätte es nicht bedurft. Der junge Künstler richtete nun seine Blicke dorthin, wohin jetzt viele Landschaftsmaler blickten: nach Haarlem.

Aber alles wurde nicht ohne Erinnerung aufgegeben. Zunächst bis 1642 – später seltener – begegnen wir Merkmalen des flämischen Stiles; und einige Einzelheiten bleiben am Rande bis in die Landschaften des Spätstiles erhalten.

24

Die Namensbezeichnungen sind auf den ersten Gemälden immer „Aert van der Neer" oder „A. van der Neer" oder ähnlich bis etwa 1640. Das Monogramm aus AV und DN (ineinander) taucht zum ersten Male auf dem „Eichwald" auf. Aber genau datieren läßt sich der Wechsel nicht; auf dem Winterbild von 1641 wird mit dem Monogramm, auf dem sehr ähnlichen Winterbild von 1642 mit „A.v.d.Neer" gezeichnet.

Später wird das Monogramm manchmal zu AV (ineinander) und N (ohne das D) gekürzt; diese Änderungen sind selten, wir halten sie für unerheblich. Die wünschenswerte Handhabe zur chronologischen Einordnung undatierter Werke bieten diese Signaturen leider nicht.

II

DIE VIERZIGER JAHRE

Die Gemälde aus den 40er Jahren nehmen einen größeren Raum ein als die aus den anderen Jahrzehnten. Das liegt zunächst daran, daß hier Bilder, abgesehen von ihrer Qualität, vorgestellt werden, die datiert sind und die uns sichere Hinweise auf die Entwicklung des Künstlers geben; außerdem aber wird diesem Zeitabschnitt eine größere Bedeutung als bisher zugemessen aus der Überzeugung, daß damals schon Landschaften entstanden sind, die zu den besten des ganzen umfangreichen Lebenswerkes gehören. Es wird also notwendig sein, die hohe Qualität einiger Bilder hervorzuheben und einige hervorragende Werke, die noch immer zwischen den Zeiten stehen, für die 40er Jahre in Anspruch zu nehmen.

Das Werk des van der Neer erscheint dann abwechslungsreicher und reichhaltiger, die Nachtlandschaften der 50er Jahre beherrschen nicht alles andere unbesehen, der Schwerpunkt wird leicht verschoben, und die Lichter werden anders aufgesetzt.

DER HAARLEMISCHE EINFLUSS

Ein erster Stilabschnitt reicht von 1641 bis 1643. Die Bildgruppe aus dieser Zeit zeigt – von den Winterlandschaften abgesehen – kein geschlossenes Bild. Wir sagen „haarlemisch", weil es vielerlei Andeutungen gibt, die in diese Richtung zielen, die wir nicht unterschätzen wollen, und weil jene Änderungen, die sich nach 1640 eingestellt haben, ohne Haarlems Erfindungen nicht möglich gewesen wären.

Wichtig war der Beitrag Haarlems zur Komposition der Landschaft überhaupt; er hat einen Welterfolg bedeutet. Diese Komposition wird von der Raumdiagonalen bestimmt, dem beherrschenden Darstellungsmittel zur Erschließung des Tiefenraumes. Diese Raumdiagonale schuf den natürlichen Zusammenhang, der den älteren flämisch-beeinflußten Landschaften meistens gefehlt hatte.

Bei van der Neer ist sie auf dem „Gutshof" von 1642 in Frankfurt und einigen Werken aus der gleichen Zeit in gemäßigter Form zu finden. Mit den durch Baumwände erhöhten Ufern und mit der Hausgruppe unter hohen Bäumen und der von da ausgehenden Schrägen, die zum Horizont führt, lassen diese Landschaften einen Zusammenhang mit Salomon van Ruysdael und Jan van Goyen erkennen[16].

Auf dem Elburgbilde ist der Einfluß Goyens in der Darstellung des hohen Wolkenhimmels spürbar. Aber sein diffuses Licht und der auf Fernwirkung berechnete Pinselstrich werden nicht übernommen; sie passen nicht zur Art des van der Neer. Eher darf man da an die mit Lokalfarben gemalten Landschaften des Pieter de Molijn denken.

Am ehesten läßt die freundliche Nähe und natürliche Gegenständlichkeit in der Darstellung der holländischen Heimat einen Zusammenhang mit Haarlem spüren. Die neue realistische Darstellungsweise war dem Esajas van de Velde zu danken. Er hatte die breitgelagerten Häuser in den Dorfstraßen zu schönen Gruppen geordnet, wo beleuchtete Wandflächen mit schattigen Giebeln abwechseln und die schräg gestellten Häuserfronten unsere Blicke in die Tiefe führen. Wir finden manches davon auf den frühen Dorflandschaften des van der Neer wieder und sogar noch an den Ufern der späten Nachtstücke und Winterlandschaften. Auch die Staffage erinnert in ihrer natürlichen Festigkeit oft an den älteren Meister, die Jäger, Hirten, Reiter und was die Landschaft belebt; sie bleibt aber untergeordnet, es geht um das Antlitz der Erde und um den Himmel darüber[17].

Aert van der Neer hatte bereits um 1640 den Anschluß an die Kunst seiner Zeit gefunden, und auch die beiden Camphuysen hatten die Neuerungen angenommen; sie pflegten damals das gleiche Malgebiet[18]. Es entstanden größere und kleinere Dorflandschaften mit den satten Farben des Herbstes auf braunem Unterton; und der ehemalige Zusammenhang mit der spätmanieristischen flämischen Landschaftskunst ließ sich manchmal noch im Baumschlag feststellen.

In die 40er Jahre fallen die entscheidenden Änderungen in der Komposition. Schon früher hatten die allerersten Landschaften die Bemühungen um die Raumillusion erkennen lassen, das „Waldstück mit Fluß und Brücke" mit den drei Raumschichten und der „Eichwald" mit dem offenen Dreieck in der Bildmitte. Dann kamen die ersten Winterbilder.

Sie folgten einer anderen sehr geeigneten Komposition, bei der der gefrorene Fluß in der offenen Bildmitte ovalförmig vom Ufer umfaßt erscheint, wie es auf den

---

16) Vgl. W. Stechow a. a. O. S. 32 und 56
17) In der Kunstliteratur wurde ein haarlemischer Einfluß bis in neuere Zeit abgelehnt. Vgl. dazu schon A. Philippi, „Die Blüte der Malerei in Holland". Berlin und Leipzig 1901. Erst W. Stechow hat einen anderen Standpunkt eingenommen. Vgl. a. a. O. S. 32 und 56.
18) Vgl. FB. Camphuysen S. 22 ff.

älteren Winterbildern besonders des Antonie Verstralen gebräuchlich war[19]. Der Blick folgt dort nicht dem Lauf des Flusses, sondern ist auf eine Biegung, auf ein Flußknie gerichtet. Da sieht er wie ein Teich aus und formt sich ungefähr zum Oval, das meist vom Bildrand auf einer Seite angeschnitten wird.

Die ovale Wasserfläche hat sich als Grundelement einer Komposition bewährt; wir kennen eine Gruppe von Taglandschaften aus den frühen 40er Jahren, die dieser Komposition folgen[20], und wir halten es für möglich, daß diese gefällige Form später auch auf die zunächst geradlinigen Ufer der Nachtlandschaften eingewirkt und zur Milderung beigetragen hat.

Dann ist es eine kurze Zeit die Anlage mit der Raumdiagonale gewesen, die van der Neer für Tag- und Abendbilder verwendet hat.

VON DER RICHTUNGSLANDSCHAFT ZUR DUNKLEN LANDSCHAFT

Es scheint, daß ihn damals große Pläne beschäftigt haben, in denen der Landschaft eine zwingende Fernwirkung und dem Lichte eine besondere Rolle zugedacht war. Die zentralperspektivische Landschaftskonstruktion, eine Spielart des flämischen Spätmanierismus, kam ihm entgegen. Sie versprach außerdem Sicherheit im Aufbau und die seit langem geschätzte Symmetrie und ließ sich einfach auf den Richtungslandschaften verwirklichen, bei denen ihr die schnurgeraden Kanäle technisch hilfreich waren. Zwischen 1643 und 1645 probte er in Zeichnungen und Gemälden die Wirkung im Interesse der Raumillusion und die Belastbarkeit des Landschaftsbildes mit Perspektive.

Auf dem kürzesten Wege wurde der Blick in die Ferne geleitet, in der sich hoch und weit das Lichtfeld des Himmels ausbreitet. Die Darstellung der Raumtiefe wurde vom flämischen Vorbild übernommen, aber van der Neer ging weit über das Vorbild hinaus. Die Lichtführung wurde der Komposition eingefügt, die Bildmitte blieb leer als Schauplatz des Lichtes, Licht und Luft wurden zu Elementen des Landschaftsbildes und entfalteten ihre raumschaffende Wirkung[21].

Neben der Komposition wurden andere Probleme weiterverfolgt. Es ging hauptsächlich um die Lichtperspektive, die bisher in einer allgemeinen Weise gehandhabt worden war. Bei diesem sublimen Kunstmittel kam es auf wenigen Bildern zuerst zu Übertreibungen, deren Ursprung wir in der spätmanieristischen Malerei, in der noch viel Ideologie im Spiele war, und in van der Neers aufs Grundsätzliche gerichtetem Erfahrungsdrang vermuten. (Wie ehemals die Farbperspektive zerteilt

28

---

[19] Vgl. A. Verstralen, „Winterlandschaft" Abb. bei Müllenmeister: Meer und Land im Licht des 17. Jh.s. I. S. 162.
[20] Beispiele bei van der Neer sind die Winterlandschaften Abb. 25 und 34 und die Abendlandschaften Abb. 17 und 18.
[21] Diese Entwicklung wird methodisch in dem Kapitel „Komposition" auf den Seiten 76 ff dargestellt.

zunächst auch die Lichtperspektive den natürlichen Verlauf der in die Ferne strebenden Ufer in drei „Gründe"; aber das sind nur Übergangserscheinungen)[22].

Neben van Goyen und S. van Ruysdael könnte es Herman Saftleven gewesen sein, von dem um 1645 ein Einfluß ausgegangen ist. Saftleven war seit 1634 in Utrecht ansässig; und die Saftlevens hatten enge Beziehungen zu Gorkum, zu den Camphuysens und wohl auch zu van der Neer. Wir denken beispielsweise an die „Landschaft bei Sonnenuntergang" von Herman Saftleven, datiert 1645, in Wien[23], ein Gemälde mit vorzüglicher Lichtperspektive; aber alle Feinheiten im Einzelnen, Prägnanz, Transparenz, die feinfühlige Durchführung des Gegenlichts und der Glanz des Widerscheins aus dem Wasserspiegel können von Werken dieser Art ausgegangen sein und zu der Qualität der Landschaften van der Neers beigetragen haben, die wir in dieser Zeit bewundern.

In der Farbgebung hatte schon der „Gutshof" in Frankfurt (Abb. 14) im Jahre 1642 einen glücklichen Anfang gemacht; und auf der Abendlandschaft in Gotha (Abb. 27) war ein drastisches Zeichen gesetzt worden; dann folgten bald die zarten Töne des Rubens auf den Abend- und Winterhimmeln. Schließlich sind es die Versuche mit der Darstellung der Dunkelheit auf den Nachtlandschaften, die Versuche mit Schwarz, die zu einer Lösung drängten, angefangen von dem frühen Frankfurter Nachtstück (Abb. 32), dem entwicklungsgeschichtlich eine besondere Bedeutung zukommt, bis zu den dunklen Baumriesen am Ende des Jahrzehntes in Rotterdam (Abb. 68).

Ein deutlicher Aufschwung hatte schon im Jahre 1645 begonnen; besonders fruchtbar wurde das folgende Jahr mit vielen datierten Werken. Hofstede de Groot hatte ihm eine entscheidende Bedeutung zuerkannt, damals solle der inzwischen 43jährige Künstler die volle Reife erlangt haben, und das Bild mit dem baufälligen Schloß (Abb. 56) stehe am Anfang der großen Zeit[24]. Wir haben schon darauf hingewiesen, daß die Nachtstücke noch mit großer Dunkelheit belastet waren. Wir halten das Jahr 1646, das so fruchtbar war, trotzdem auch für eine Zeit der Krisis, das den Künstler mit widersprechenden Vorstellungen verunsicherte und das eine Ambivalenz und vielleicht auch eine Unschlüssigkeit vor neuen Aufgaben erkennen läßt. Vielleicht war es der Höhepunkt eines inneren Zwiespaltes, wie er im Leben bedeutender Menschen öfter vorgekommen ist; er wird dann oft zum wichtigen Wendepunkt, dem Klärung und Entscheidung für die künstlerische Laufbahn folgen. Merkwürdig bleibt der Rückgriff auf ältere Raumdarstellungen in diesem Jahre. Auf Sommer- und Winterlandschaften nimmt er mit einem Baum in der Bildmitte oder einem Bauwerk in der Mitte des Mittelgrundes Repoussoirwirkungen

29

---

22) Vgl. Abb. 29 und Abb. 44! Die Gegenstände der Landschaft nehmen zu schnell nach hinten an Deutlichkeit ab, als ob Holland voller Nebel gewesen wäre; und außerdem wurden drei Helligkeitsstufen gegeneinander abgesetzt, wodurch die erwartete Kontinuität unterbrochen wurde; ein Zeichen früher Landschaften. (Bei van Goyen gibt es zwischen dem tiefdunklen Vordergrundstreifen und dem hellen Mittelgrund keinen Übergang.)
23) Abb. bei Bernt Nr. 1094
24) Vgl. HdG S. 359

wieder auf, die als veraltet galten. Dann malt er 1646 eines der seltenen Seestücke, das Stechow lobend hervorhebt[25]. Schließlich entsteht am Ende des Jahrzehntes noch eine Bildgruppe, in der sich wieder andere Pläne andeuten und zu einer glücklichen Formulierung gedeihen. Es geht dabei nicht um Farbe, sondern um Licht. Die Hälfte des Bildes wird von einer breiten tiefdunklen Laubmasse hoher Bäume beansprucht (zweiteilige Komposition), die eine sehr helle Stelle – die hellste im Bilde – einfaßt und die treibende Kraft des Lichtes herausfordert, um einen höchsten Lichtwert in der Darstellung zu erreichen.

Die 40er Jahre sind für die kunstwissenschaftliche Forschung aufschlußreich. Die einzelnen durch verschiedene Kunstmittel charakterisierten Gemälde lassen sich zu Gruppen zusammenfassen, und da es in den 40ern datierte Bilder gibt, wird es möglich, sie zeitlich zu ordnen. Die Gruppen verstehen wird als Stufen einer Entwicklung, von denen viele in die bekannte Richtung – hin zur eigenen Komposition – führen; andere weichen ab und bleiben scheinbar ungenutzt. So bietet die Datierung hier eine seltene Chance an. Wir finden interessante Beispiele einer am Datum ablesbaren Entwicklung, die uns Auskunft über den Werdegang des Künstlers geben, von dem wir sonst so wenig wissen. Wir erkennen den Ernst seiner Arbeit und die Methode des Arbeitsvorganges.

Dieses Jahrzehnt war auch eine Zeit des Suchens und Experimentierens. Manches, was in diesem Zusammenhang entstand, mußte hinter dem erprobten haarlemischen Muster zurückbleiben; es gab Randprobleme, künstlerische und technische, und van der Neer ließ es nicht bei Zeichnungen und Werkstudien bewenden; und wie die Absichten verschieden und oft ungewöhnlich waren, mußte auch die Qualität ungleich werden. Der Mangel an Kontinuität im künstlerischen Schaffensvorgang ist unvermeidlich. Grundsätzlich sieht das Gesamtbild des Jahrzehntes wechselhaft aus, es ist aber auch fesselnd in seiner Vielfalt.

Wir blicken zurück auf den Anfang der 40er Jahre. Als der Hondecoeterstil an Einfluß verlor, als Haarlem das Zeichen für die neue Landschaftsmalerei gesetzt hatte, entschloß sich van der Neer zunächst für zwei verschiedene Themen, für die sommerliche und für die winterliche Abendlandschaft.

Das Winterbild hatte eine große Überlieferung, die van der Neer aufnehmen konnte. Das war die fest geprägte Form, bei der die Bildmitte von Schlittschuhläufern bevölkert wird und die landschaftlichen Gegenstände sich auf die Bildränder beschränken. Die Mittel der Raumergreifung waren nicht mehr nur die schräg zulaufenden Ufer, sondern oft auch ein nach hinten sich dehnender Bogen, der die ovale Eisfläche umfaßt, und die Personen, die nach der Ferne zu immer kleiner

30

---

25) Abb. bei Stechow Nr. 354, Text S. 177

werden. Es waren ältere Meister, die als Vorbilder für van der Neer verfügbar waren, und denen war es nicht so sehr auf die Landschaft, sondern auf das „Eisvergnügen" (Iysvermaak) angekommen. Das erwarteten auch die Käufer, und Winterbilder wurden besser bezahlt.

Es ist eigenartig, daß sie meistens fast ohne Schnee dargestellt wurden – es kam auf das Eis der wasserreichen holländischen Landschaft an und auf die schlittschuh-laufenden Personen, meistens nur Männer, wenige Frauen und fast gar keine Kinder.

BILDBEISPIELE

Gleich nach 1640 begegnen uns zwei einander ähnliche Winterbilder, das sind die

Abb. 10   „WINTERLANDSCHAFT", dat. 1641
(HdG –. H., 51 x 91 cm) (mit Monogramm) und die
„SCHLITTSCHUHLÄUFER AUF EINEM ZUGEFRORENEN KANAL",
dat. 1642
(HdG 499, H., 51 x 93 cm)[26] (mit vollem Namen signiert)

Sie schließen an die Komposition der älteren Eisvergnügen an, die schon immer nach der Tiefe zu entwickelt waren, aber sie übertreffen sie in der Feinheit der Zeichnung und in der Zartheit der Farbgebung. Der Horizont liegt niedrig, die Staffelung der Häuser kommt von Es. van de Velde, wie schon Stechow beobachtet hat, daneben steht ein altertümlicher Baum in der linea serpentinata des Keirincx. Die kahlen Äste heben sich vom hellen Wolkenhimmel ab. Noch schöner aber ist die Farbenwahl. Da schwebt Altrosa und Manganrot neben dem blassen Blau und Weißlich am Himmel. Man möchte an H. Avercamp denken, aber dessen Phantasie, dessen heller Humor und seine lustigen Farben sind es nicht; das Braun des Erdbodens spricht hier mit.

Wir vermuten, daß es Vorstufen zu den beiden Bildern gegeben hat. Sie haben übrigens noch das alte Breitformat (quer, fast 1 zu 2) und einen weiten Augenabstand. Eine vergleichbare Taglandschaft ist das Bild HdG 102, dessen Datierung 1641 gelesen werden muß. Der steigende Weg über den Brückenbogen und die Form der Äste, die man noch unter dem Laub des sommerlichen Blätterkleides ahnen kann, lassen den Zusammenhang mit unseren zwei Winterlandschaften erkennen.

Abb. 11   „BAUERNGUT MIT KUHHERDE", dat. 1641
(HdG –. L., 66 x 109 cm) Privatbesitz

Inhaltlich ist das Gemälde der „Landschaft im Morgenlicht" ähnlich (Abb. 21) und geht wie diese auf die Camphuysen-Art zurück. Mit den zwei Winterbildern finden wir weniger Übereinstimmung, es sei denn der weite flache Bogen, der sich von

[26] Abb. bei Stechow Nr. 181

Abb. 14   Der Gutshof, dat. 1642

34   Abb. 16   Landschaft mit der kleinen Bogenbrücke

Abb. 19　Dorf am Abend

36   Abb. 27   Abendlandschaft mit einem breiten, von Büschen und Bäumen eingefaßten Kanal, dat. 1643

links unten über den Horizont hebt und rechts wieder fällt, und das Geäst des Baumes, das sich offen vor dem Laube ausbreitet. Aber hier gehen Wege und Gräben perspektivisch auf den Fluchtpunkt zu wie eine Vorausnahme einer Komposition, die erste wenige Jahre später auftritt[27].

Einen unerwarteten Anfang im neuen Jahrzehnt setzt die umfangreiche sogenannte

„ANSICHT VON ELBURG", dat. 1641   Abb. 12
(HdG 14. L., 69 x 103 cm) Privatbesitz

Ganz vorn liegt ein dunkler Landstreifen; sonst ist der Vordergrund gegliedert von Erdhaufen, Bretterplanke, dem wasserführenden Stadtgraben und der Straße, die im Bogen umgreifend über die Brücke zum aufwendig ausgestatteten Stadttor führt und alles zusammenfaßt. Rechts öffnet sich der Blick zur Zuidersee mit vielen Segelbooten; ein Werk mit komplizierter Komposition als Stadtansicht und Seestück, das wohl von einem Einzelbild angeregt wurde.

Der ungewöhnlich hohe Wolkenhimmel - hoch wie noch nie bei van der Neer - kommt von van Goyen wie auch der See-Ausblick mit dem Wellengang, sogar mit Langzeitwirkung in der Darstellung des wellenbewegten Wassers und des hohen, fein durchgeführten taghellen Himmels. Die Farbe bleibt im allgemeinen Braun.

(Wir weisen auf die beiden Marinen Abb. 40 und 41 hin, von denen Stechow einen wesentlichen Einfluß auf die Darstellung des Wolkenhimmels bei van der Neer angenommen hat.)

„LANDSCHAFT MIT DEM FALKENJÄGER", dat. 1641   Abb. 13
(HdG –. H., 110 x 160 cm) Stichting Nederl. Kunstbezit

Rechts reicht ein schön geformter Baum bis zum oberen Bildrand; er ist ganz im Stile der 30er Jahre mit Blattbüscheln dargestellt, die wie große Dachziegel übereinanderliegen; und dazwischen öffnet sich ein Durchblick. Links sehen wir eine Brücke und einen Festungsturm, der an „Elburg" erinnert; die hübsche Staffage aber läßt an Es. van de Velde denken.

Vielerlei Einflüsse mischen sich in diesem einzigartigen Gemälde, ohne daß es irgend einem ähnlich würde. Die Stelle mit dem großen Baum wird auf dem „Gutshof" wiederholt; Raumdiagonale und Gegendiagonale kommen auf dem Bilde in Carcassonne wieder vor, und im ganzen denkt man an Jochem Camphuysen - ein

37

---

[27] Der Verfasser hat das Bild nicht gesehen und die Signatur nicht überprüft.

Werk, das vielleicht dem Zustand des Künstlers entspricht, als er eben den flämischen Einfluß abgestreift hatte und sich nun in Amsterdam einer Unzahl neuer Eindrücke ausgeliefert sah.

Abb. 14   Der „GUTSHOF", dat. 1642
                 (bei HdG „Landschaft mit einem Jäger")
                 (HdG 32. H., 59 x 83,5 cm) in Frankfurt (Städelsche Kunstslg.)

Auf dem für die Entwicklung wichtigen Werke gibt es noch deutliche Erinnerungen an den Baumstil der 30er Jahre. Der große Weidenbaum rechts hat die gegliederte Stammbündelung des A. Keirincx und – vielleicht zum letzten Male – die traubenförmige Unterteilung des Blattwerkes. Auch der wiederaustreibende Eichenstumpf ist da.

Die Komposition ist beachtlich. Die Diagonale (die Richtung des Flusses) führt sicher nach hinten und ermöglicht die Illusion der Raumtiefe, wie das in Haarlem erfunden worden war. Auch die Baumstellung ist im Dienste der Tiefenraumerschließung erwogen, die von nun an ein besonderes Anliegen des Künstlers wurde.

Das ganze Bild liegt im farbigen Lichte; es sind die harmonischen Farben des Herbstes: Das Dach des Gutshauses mit seinem dunklen Rot, dem Ocker der Mauer und den wechselnden Grüntönen der Bäume daneben. Die Laubmassen der mächtigen Weide werden von links beleuchtet, so daß die äußeren Büschel des Blattwerks zu Gelbgrün verklärt werden. Wieder nimmt der Himmel einen weiten Raum im Bilde ein, und seine Farben wiederholen sich gedämpft im Wasserspiegel, der hier zum ersten Mal im Licht- und Farbenausgleich zwischen oben und unten die Trennung in dunkle Erde und helles Himmelszelt auflöst. Aber auch die Bäume am Ufer spiegeln sich im Flusse, was auf S. van Ruysdael zurückgeht. Stechow ist überhaupt der Meinung, daß S. van Ruysdael dem jungen van der Neer verbunden war, was auch aus diesem Bilde erkannt werden könne[28].

Obwohl die Komposition auf der Höhe der Zeit ist, hat das Bild etwas Altertümliches an sich. Das rechte Ufer im Mittelgrund läßt an Jan van de Velde denken, wie er die schlichte Umgebung Haarlems auf seinen graphischen Landschaftsfolgen dargestellt hat. Der rückständige Baumstil hatte W. Stechow veranlaßt, die Entstehungszeit in die 30er Jahre zu verlegen[29]. Der Verfasser fand die richtige Jahreszahl und berichtigte den alten Lesefehler[30]; HdG hatte im Werkverzeichnis 1652 angegeben, und diese Zahl wurde 50 Jahre lang unbesehen übernommen.

[28] Vgl. W. Stechow a. a. O. S. 193 Anm. 55
[29] Stechow a. a. O. S. 92
[30] Oud Holland 1968 S. 219
      Eine farbige Abbildung in Seemanns „Galerien Europas", Verlag Seemann – Leipzig als Nr. 196

Eine ähnliche Bedeutung kommt der

„ABENDLANDSCHAFT MIT EINEM DORFE" zu.   Abb. 15
(HdG 27, H., 54 x 98 cm) in Carcassonne (Museé des Beaux-Arts)

Das Bild hat ein ungewöhnlich breites Format. In der Komposition – eben in der ungezwungenen Lösung mit der Raumdiagonale – stimmt es mit dem „Gutshof" überein; und die Dorfansicht mit den breitgelagerten Häusern zeigt sich in schönem Zusammenhang an der linken Uferseite. Weiter rechts senkt sich der Himmel fast auf Dreiviertel der Bildhöhe herab. Der Baumschlag hat die altertümliche Form abgelegt; sein Blattwerk ist fein getüpfelt. Diese Landschaft kommt dem S. van Ruysdael am nächsten.

Sie ist wenig später entstanden als der „Gutshof", ein Werk von großer Reife, das wegen seines weit abgelegenen Verwahrortes leider unbekannt bleibt.

In diesen Zeitzusammenhang gehört auch die

„LANDSCHAFT MIT DER KLEINEN BOGENBRÜCKE"   Abb. 16
(HdG 147. H ., 41 x 60 cm) Wiener Privatbesitz (Monogramm ohne D)

Mit der Raumdiagonale und mit der Hausgruppe, die an Wouter Knijff denken läßt, hat auch diese Landschaft einen gewissen Zusammenhang mit der Haarlemer Schule. Nur der Baum rechts kommt noch aus dem Hondecoetervorrat; und der wenig gegliederte Wolkenballen sieht wieder altertümlich aus. Es ist ein lehrreiches Beispiel für diese Zeit. Bredius hatte ganz zu Unrecht dieses Bild dem Rafael Camphuysen zugeschrieben[31].

Es folgt eine Gruppe mittelgroßer Bilder, die sich im Vorwurf und in der Anlage ähnlich sind. Zu ihr gehören die

„ABENDLANDSCHAFT MIT EINEM TEICH"   Abb. 17
(HdG –) in Rotterdam (Museum Boymans – van Beuningen,
Katalog Nr. 1584) und die
„WALDLANDSCHAFT MIT EINEM JÄGER"   Abb. 18
(HdG 19) in Amsterdam (Reichsmuseum)

und ihre Varianten; dann eine Flußlandschaft in London (HdG 48. Abb. im Katalog

39

---

[31] „Kein van der Neer, sondern echt charakteristischer Rafael Camphuysen; bezeichnend das Orangegelb im Vordergrund, in den Figuren usw." Kunstchronik NF.
Abb. im Katalog Lepke – Berlin 1917 mit dem Gegenstück (?).
Abb. im Katalog Pallamar – Wien 1966.

der National Gallery), ein Sonnenuntergang in der Slg. Thyssen (Abb. im Katalog Nr. 234, 1971) und eine Flußlandschaft im Kunsthandel (HdG 137).

In jedem Falle verläuft der Fluß quer oder zeigt sich in einer Windung in der Form eines angeschnittenen Ovals. Das Flußwasser glänzt in der Bildmitte auf, und das Ufer ist dicht von schlanken Bäumen umstanden; und auch die Baumruine fehlt nirgends. Die Staffagefiguren sind sehr sparsam verteilt, ein Reiter, ein Jäger, ein Holzhacker.

Das Bild im Reichsmuseum – olivgrün im Gesamteindruck – hat rechts noch einen schmalen Durchblick wie bei älteren Waldbildern, und das Rotterdamer Bild läßt an Keirincx denken[32]. Das bei Thyssen ist wohl das beste; am wenigsten erfreulich ist das in London. Thematisch gehen sie mit den Dorflandschaften des R. Camphuysen zusammen, mit dem van der Neer damals in künstlerischer Verbindung stand[33].

Hier schließen wir das freundliche kleine

Abb. 19   „DORF AM ABEND" an
                     (HdG 31. H., 31,5 x 36 cm) in Dresden (Gemäldegalerie)

Auch da läuft ein Bach quer durch die Bildmitte. Es kommt in der Farbe dem „Gutshof" nahe und ist überhaupt dem Geiste nach haarlemisch, hat aber keine Raumdiagonale. Es wird etwa gleichzeitig mit dem „Gutshof" entstanden sein, etwas später als die oben genannten.

Auf den Zusammenhang mit Rafael Camphuysen gehen noch zwei Bilder aus dieser Zeit zurück, die Gegenstücke

Abb. 20   „MONDSCHEINLANDSCHAFT MIT BAUERNHÄUSERN"
                     (HdG 335. H., 33,4 x 27 cm) in London (National Loan Collecting Trust)
                     und die
Abb. 21   „LANDSCHAFT IM MORGENLICHT"
                     (HdG 34. H., 33 x 25,8 cm) in Frankfurt (Städelsche Kunstslg.)

Hier wird zum ersten Male das nächtliche Dunkel und das Gegenlicht im Landschaftsbilde des van der Neer verwendet, doch es bleibt noch ohne grundsätzliche Bedeutung. In diesen von R. Camphuysen angeregten frühen Bildern (er hatte

40

32) Vgl. die 1644 datierte Landschaft des Keirincx in Hamburg
33) Vgl. FB. Camphuysen S. 26

schon vor 1627 Nachtlandschaften gemalt) werden die weitreichenden Folgen der ungewöhnlichen Beleuchtung noch nicht eingehend erörtert[34].

Abb. 22

„MÜHLEN AM ABEND"
(HdG 24. H., 24,5 x 34 cm) in Rotterdam (Museum Boymans-van Beuningen)

Zum ersten Male tritt das Mühlenmotiv auf, das sich bald großartig entfalten wird.

Ein dunkles kleines Bild mit wenig Wasser und Widerschein im Mittelgrund. Finster stehn die mächtigen Mühlentürme gegen den grauen Abendhimmel. Gegenüber liegt eine Hausgruppe mit Bäumen, in der Art des Esajas van de Velde heimelig zusammengefaßt; und ein Weg zieht schräg vorbei zum Hintergrund. Zwei Männer folgen ihm bildeinwärts.

Der breite Vordergrund – wohl ein Lagerplatz – verengt sich schnell; da ist schon das Dreieck in der Bildmitte noch klarer als auf dem „Eichwald" (Abb. 9). Es ist ein später Abend, von Rotbraun und dunklem Ocker bestimmt, doch haben auch Lichtocker und Olivgrün ihren Platz, sowie graue Flecke auf dem Erdboden und braune Reflexe an den Wolken. Die kräftigen Farben sind fett aufgetragen.

Der geringe Augenabstand läßt die Mühlen der 40er Jahre groß im Mittelfeld erscheinen (wie auch die Boote auf den Seestücken). Später stehn sie klein in der fernen Landschaft.

In diesen Zeitabschnitt gehören noch einige wenig anspruchsvolle kleine Dorfstücke in rundem und ovalem Format, die erst in letzter Zeit aufgefunden wurden, z. B. ein „Dorfeingang" und ein „Gehöft aus Blockhäusern"[35].

Die vorgestellten Werke fügen sich in das allgemeine Bild der holländischen Landschaftsmalerei ein. Aber van der Neers Vorstellungen vom Raum und vom Lichtraum im Landschaftsbilde drängten ihn zu neuen Versuchen.

Der „BLICK AUF EINE STADT IM WINTER"
(HdG 553 a. H., 44 x 61 cm) und das
„EISVERGNÜGEN AUF EINEM BREITEN ZUGEFRORENEN KANAL"
(HdG 484, H., 59 x 82 cm) ehemals in Berlin (Kaiser Friedrich-Museum)

Abb. 23

[34] Vgl. FB. Camphuysen S. 23 ff.
[35] In den Versteigerungen bei P. Brandt in Amsterdam am 26. XI. 1974 und am 26. XI. 1976

Die Eisfläche zeigt sich auch hier auf beiden Bildern als ein wenig geklärtes, links vom Bildrand angeschnittenes Oval, das im Hintergrund in flachem Bogen den Horizont berührt. Der liegt höher als bei den früheren Winterbildern. Dort, wo der Vordergrund und der Mittelgrund aneinanderstoßen, steht rechts ein sorgfältig durchgeführter kahler Baum an einer für die Raumillusion überaus wichtigen Stelle. Wenn wir die datierten Gemälde des Jan van Goyen vergleichsweise zu Hilfe nehmen, finden wir einen Baum auf dem Bild „Blick auf Haarlem" von 1641 am gleichen Platze[36]. Wir schlagen für die zwei Gemälde eine Entstehungszeit vor 1643 vor; wenig später als die beiden Winterbilder von 1641 und 42. Deren manieristischer Charme in Zeichnung und Farbe ist verflogen, alles ist realistischer geworden. Die Kostümdatierung deutet auf die erste Hälfte der 40er Jahre; sie kann uns hier wenig behilflich sein[37].

Auf den Winterbildern liegt zwar Schnee, aber er ist von einem braunen Schimmer eingefärbt, vielleicht auch nur vom Firnis. Wir zitieren W. von Bode aus dem Berliner Katalog von 1911, die Farben des verlorenen Bildes betreffend:

„Die rotbraune Untermalung erwärmt (bes. im Vordergrund, den Bäumen und Gebäuden) das Weiß der Schneefläche und das Blaugrau der Eisdecke. R. am Ufer etwas Ockergelb im Erdreich. Die Staffage in kräftig schwärzlichbraunen und graublauen Tönen mit vereinzelt zinnoberroten Flecken. Lichtrot in den Giebeln und Schornsteinen der Häuser, nach der Tiefe neben graublauen Tönen in ein luftiges Rosarot übergehend. Den lichten bläulichen Himmel bedecken weiße, an den Rändern sonnig ockergelb beleuchtete und graublau beschattete große Wolken".

Abb. 24

„WEIDELANDSCHAFT BEI SONNENUNTERGANG"
(HdG 28. H., 30 x 49 cm) in Kassel (Gemäldegalerie Schloß Wilhelmshöhe)

Im flachen Bogen streben die seitlichen Straßen aufeinander zu, und Wege und Zäune und unauffällige Merkmale weisen auf den Fluchtpunkt hin, in dem die Sonne ihre letzten Strahlen ausschickt. Mit Bedacht ist die Baumstellung gewählt, ein kräftiges Formelement an der wichtigen Stelle drückt die rechte Bildhälfte zurück. Die Tiergruppe in der Bildmitte und da besonders die liegende Kuh kommen noch immer aus dem Formenvorrat des Hondecoeter[38].

Bemerkenswert sind die Farben. Neben größeren eintönigen Flächen treten verdichtete Farbakzente um so wirkungsvoller hervor, hier Weiß und Quittegelb nebeneinander als Akkord; und eng, aber heftig bleibt der Strahl der Sonne[39].

42

---

36) Vgl. H. U. Beck, Jan van Goyen Nr. 973
37) Was die Authentizität anbetrifft, so verläßt sich der Verfasser auf Bodes Urteil.
38) Vgl. K. Müllenmeister, „Meer und Land im Lichte des 17. Jahrhunderts" II.180
39) Das Sonnenlicht ist eigenartig kühl; Rot kommt nicht vor. Sollte das ein Sonnenaufgang sein? Aber die Magd trägt Milcheimer, und gemolken wird am Abend, was dem ehemaligen Gutsverwalter von Arkel bekannt war.

Vielleicht ist das Bild in nicht zu großem Zeitabstand mit dem Winterbild (Abb. 23) entstanden, worauf die Baumstellung hinweisen könnte, aber der vorsichtige und berechnete Einsatz der zentralperspektivischen Kunstmittel deutet auf eine spätere Entstehungszeit hin.

„EISVERGNÜGEN AUF EINEM BREITEN KANAL", dat. 1643   Abb. 25
(HdG 510. H., 50,8 × 66 cm) ehem. Slg. Earl of Crawford

Der Vordergrund zeigt ein gegliedertes Terrain, auf dem eine Straße in weiten Kurven raumschaffend nach hinten führt. Der Horizont ist tief, der Himmel hell und groß und von zartem Wolkendunst erweitert. Es ist wenig, was sich am Ufer sehen läßt neben der Eisfläche, die auch hell und groß geworden ist. Sie formt sich zu einem schönen Oval, klarer als auf den Winterbildern vorher; und es ist mehr Licht und Luft in der Landschaft. Der Stil der Vordergrundbäume hat sich gemäßigt, er entspricht denen auf der gleichzeitigen Winterlandschaft der Slg. Saltmarshe.
Dieses Bild lobt v. Bode als eines der besten[40].

„FRÖHLICHES TREIBEN AUF DEM EISE", dat. 1643   Abb. 26
(HdG –. L., 88 × 116 cm) ehem. Slg. Ph. Saltmarshe[41]

Den Vorder- und Mittelgrund nimmt eine von vielen Personen belebte Eisfläche ein, die mit Ein- und Ausbuchtungen, mit einer Landzunge und mit mehreren Abflüssen nach allen Seiten besonderes Interesse hervorruft. Der auffällig gegliederte Erdboden zeigt Niveauunterschiede wie bei Anthonie Beerstraaten, und das überall bewegte Terrain der nackten winterlichen Erde wird vom Seitenlicht modelliert. Die Häuserzeile verläuft mit vielen sorgfältig gruppierten Gebäuden schräg nach hinten. Die Randbäume links und der mächtige Baumstumpf sind realistischer als vorher. Wir zählen etwa 40 Personen auf dem Eise, von denen einige in ihrer charakteristischen Stellung aus dem Winterbild von 1641 übernommen worden sind; und wie bei H. Avercamp steht rechts vorn eine Familie, die aus dem Bilde herausschaut.
Der komplizierte Grundriß der Wasserfläche ist der Abendlandschaft in Gotha ähnlich, die im gleichen Jahre entstanden ist. Hier läßt sich eine Verbindung zwischen der Sommer- und Winterlandschaft erkennen, und deshalb steht das Bild an dieser Stelle. Es ist – anders als das der Slg. Crawford – auf Raumerschließung mit haptischen Mitteln angelegt.

43

40) Vgl. Graphische Künste XII. 1889 S. 82–85
41) Verst. Sotheby am 6. XII. 1967 als Nr. 85

Das Jahr 1643 bringt die

Abb. 27 „ABENDLANDSCHAFT MIT EINEM BREITEN, VON BÜSCHEN UND
BÄUMEN EINGEFASSTEN KANAL", dat. 1643
(HdG 36, H., 72 x 101 cm) in Gotha (Schloß Friedenstein)

Bei dem großen Bilde sind die veralteten Bestandteile noch weniger eingeschmolzen als beim „Gutshof".

Die Landschaft wird von drei Baumgruppen zerteilt, die zwei Blickstraßen öffnen. In der linken sehen wir ein Schloß in der Art wie auf Joachim Camphuysens Bildern, rechts einen Kanal, der rechtwinklig zur Bildebene nach hinten strebt – im kleinen so wie bei den Kanallandschaften aus der Zeit des flämischen Spätmanierismus.

Die Bäume links haben eine andere Laubstruktur als auf dem „Gutshof", sie sind den „Dendritenbäumen" ähnlich; und in der Mitte des Vordergrundes steht der unentbehrliche Eichenstumpf.

Mit verschiedenen Ab- und Zuflüssen wirkt die Wasseroberfläche seltsam zerfahren; die Uferlinie wird oftmals unterbrochen. (Wir denken an die Winterlandschaft aus dem gleichen Jahre). Erstaunlich ist die Färbung der Abendwolken aus rötlichem Grau mit gelben und orangen Stellen vor einigem Blau am Firmament. Das spiegelt sich in dem ausgedehnten Flußwasser, das die ungewöhnlichen Farben in die untere Bildhälfte herunterholt. (Farbausgleich zwischen unten und oben.) Man kann an Rubens denken, an den „Wald am Abend" mit dem roten Himmel in der Slg. Neuerburg in Köln.

Wichtig an diesem Bilde ist der Kanal, der die Tiefenillusion erweitert. Es ist die sog. Trichterperspektive, womit man die gewaltsame Verkürzung und Verengung des Flußlaufes meint, die in manieristischen Bildern manchmal die Illusion zerstört, die sie herstellen soll. Diese Einzelheit des umfangreichen Gemäldes führt auf die Zwei-Ufer-Anlage hin, die eine besondere Rolle spielen wird.

Das rechts hereinragende (schwebende) Ufer, das zum hochliegenden Horizont strebt, hat keine Verbindung mit der Bildbasis; das beeinträchtigt die Raumillusion, und der Vordergrund bleibt unverbunden mit dem Mittelgrund.

Die Abendlandschaft ist schwer übersehbar, weil die Bildmitte verstellt wird und die beiden Durchblicke in verschiedene Richtungen führen. Sind da noch uralte Erinnerungen an den Coninxloo-Wald im Spiele? Trotz allem und trotz der rückständigen Züge ist es ein schönes Bild voller Stimmung und einer schwer beschreibbaren Farbgebung.

44

---

42) Der Winkel, in dem die beiden Ufer zusammenstreben, mißt 138 Grad.
43) Der Kanal mit geraden Ufern ist ein technisches Produkt, nicht natürlich, praktisch, starr und ohne ästhetische Ansprüche.
Wir erinnern an das Aquarell von Hans Bol „Abraham und die drei Engel" in Dresden (Abb. im Jahrbuch des Kunsthistorischen Institutes in Graz. Bd. I. Abb. 187) mit der ähnlichen Ansicht eines Kanales.

An dieser Stelle fehlt uns eine Zeichnung, die zwischen der Landschaft in Gotha und der mit den zwei Anglern (Abb. 27 und 28) vermitteln könnte und der perspektivischen Gruppe vorausgeht. Das Blatt FB II (Abb. 31) kann es nicht sein, wie sehr es sich auch anbietet; es übertrifft diese Gemälde in der Darstellung des Landschaftlichen mit dem tiefen Horizont und der Unmittelbarkeit der Wirkung. Es ist sicherlich nicht am Anfang dieser Bildgruppe entstanden,wie auch die Frankfurter Nachtlandschaft (Abb. 32) später ist als die vorgenannten Gemälde.

Es gibt einige Bilder, auf denen die zentralperspektivische Anlage schon durch die Geradlinigkeit der Uferabbrüche störend wirkt. Auf der

"ABENDLANDSCHAFT MIT DEN ZWEI ANGLERN",   Abb. 28
(HdG 23, L., 42 x 51,5 cm)

führt ein Kanal geradlinig in der Bildmitte nach hinten. Ihn begleiten rechts und links Wege, Dämme und Gräben, denen sich die fallenden Schrägen über den Bäumen und Häusern anschließen, ein Bündel von Fluchtlinien[42].

Die Einzelheiten – ein Boot, das sich querstellt, ein Steg, zwei Angler und zwei Kühe – bleiben mitten in dem drängenden Tiefenzug der schnurgeraden Linien unerheblich. Das Skelett einer Landschaft liegt bloß[43].

Es ist die exemplarische Komposition einer Richtungslandschaft mit der Perspektive als Bildmotiv[44]. Raumschaffende Umstände waren maßgebend; wir haben ein Dokument seiner forschenden Bildgestaltung vor uns. War es eine Probe, wie weit die Landschaft mit Perspektive belastbar ist? Der Aufwand bleibt erstaunlich.

"BLICK AUF EINEN KANAL ZUR SOMMERSZEIT"   Abb. 29
(HdG 39. H., 32 x 46 cm) in den Haag (Museum Bredius)

Wir sehen einem Fluß entlang, der sich vorn in zwei Arme teilt und die Wasserfläche als großes helles Dreieck erscheinen läßt.

Dazwischen bleibt ein Stück trockenes Land frei, auf dem zwei Männer stehen; so wird die Landschaft für den Betrachter "begehbar". Die Anlage ist symmetrisch; es herrscht Rückenlicht.

Die Lichtperspektive hatte die Wiederverwendung der Raumgasse interessant gemacht. Aber noch ist das linke Ufer lichtperspektivisch in drei unverbundene Haus-Baum-Gruppen zerteilt, und die Kirche – nicht allzuweit entfernt – erscheint allzu blaß[45].

---

[44] Vgl. William Turners "Yacht, sich der Küste nähernd" in der Tate Gallery; da ist dieselbe ungewöhnliche Komposition angewendet.
[45] Vgl. die "Landschaft mit Dorf am Fluß" von 1645 (Abb. 44).
      Die Unterschiede in den Helligkeitszonen haben noch etwas Gewaltsames an sich.

Die schönen bunten Farben des Herbstes, die pastos aufgetragen sind, schmük-
ken die liebenswürdige Landschaft, die in der Zeit bald nach dem Bilde in Gotha
(1643) entstanden sein wird. Hier wurde der Schritt zur Zentralkomposition mutig
getan.

Abb. 30 „FEUERSBRUNST IN EINER GRACHT IN AMSTERDAM"
(HdG 9. L., 58 x 71 cm) in Kopenhagen (Museum für Kunst)

Auch das ist eine streng zentralperspektivische Anlage, eine Nacht ohne Mondschein, in der das Feuer im Gegenlicht wirksam wird.

Wir sehen der Gracht entlang, die sich wie ein langgestreckter Innenraum
bildeinwärts zieht. Der Vordergrund wird vom Mittelgrund durch eine Brücke abgetrennt, und an beiden Ufern führen die Reihen hoher Giebelhäuser in gerader Linie
dem Wasser folgend in die Tiefe[46]. Im Hintergrund wütet das Feuer, das den
Wolkenhimmel beleuchtet.

Das Eigenartige ist die genaue Symmetrie. Die Uferlinien und die fallenden
Schrägen über den Hausdächern streben dem Fluchtpunkt in der Bildmitte zu.
Sicherlich ist das Feuer, seine Farben und der Widerschein am Himmel und im
Wasser von eigenartigem Reiz, jedenfalls kennen wir mehrere ähnliche Wieder-
gaben davon[47], ein Zeichen, daß das Motiv gefiel. Es gibt eine Vorstellung von den
Grachten in Amsterdam und war durch die Darstellung des Feuers interessant.

Hier haben wir Gelegenheit, eine der wenigen erhaltenen Zeichnungen vor-
zustellen.

Abb. 31 „KANALLANDSCHAFT BEI MONDSCHEIN"
(FB. Zeichnungen Nr. I. 188 x 302 mm)
in Berlin-West (Kupferstichkabinett, Kat. der Zeichnungen Nr. 8506)[48]

Die symmetrische Anlage des perspektivisch erschlossenen Tiefenraumes ist von
bestürzender Einfachheit: Die geraden Kanalufer folgen den Fluchtlinien[49], es
herrscht Gegenlicht, der Mond spiegelt sich im Wasser. Das ist dieselbe einfache
Komposition wie auf dem Gemälde in Frankfurt (Abb. 32).

In der schnell entworfenen Zeichnung läßt sich die Bildidee oft klarer und unmit-
telbarer erkennen als in Gemälden, die in einem langen Arbeitsgang entstehen.

Das Blatt ist vermutlich zur gleichen Zeit wie die Frankfurter Landschaft entstanden, vielleicht gehört sie in den vorbereitenden Zusammenhang dieses Gemäldes.

---

[46] Auf den Bildern der 50er Jahre wird die der Natur feindliche gerade Linie möglichst vermieden; vgl. dazu
die Branddarstellung (Abb. 77) mit dem vergrößerten Winkel, in dem die Ufer zusammenstreben.
[47] Geometrische Stadtansichten dieser Art sind von vielen Städten bekannt; sie wurden meist als Stiche
verbreitet, z. B. Amsterdam von P. Schenck, Nürnberg von M. Merian.
[48] Vgl. FB. Zeichnungen Abb. I Text S. 14
[49] Der Winkel, in dem die Ufer zusammenstreben, beträgt 166 Grad.

Das folgende wichtige Beispiel ist die

Abb. 32

„MONDSCHEINLANDSCHAFT MIT EINEM GERADEN KANAL"
(HdG 187, H., 41 x 52 cm) in Frankfurt (Städelsche Kunstslg.)

Die Anlage ähnelt der rechten Bildhälfte der Landschaft in Gotha (Abb. 27); in ungefähr gleichem Winkel führen die Ufer nach hinten; die Perspektive wird für den raumdynamischen Effekt ausgenützt (hier als richtige Trichterperspektive)[50]. Im Vordergrund schiebt sich eine Landzunge als Tiefelkeil zwischen die zusammenstrebenden Flüsse, und so entsteht vorn in der Bildmitte ein trockener Standort für den Betrachter.

Es handelt sich um ein Nachtstück, eines der ersten, in dem schon vieles enthalten ist, was die Mondscheinlandschaften des van der Neer auszeichnet. Von da ab kennen wir einen ununterbrochenen Zusammenhang bis zu den späten Werken.

Dieses Bild hat zum ersten Male deutlich Gegenlicht; der Mond in der Bildmitte ist sichtbar und nahe am perspektivischen Fluchtpunkt: Die symmetrische, rhythmisch gegliederte Komposition und die Lichtführung sind aufeinander bezogen. Freilich wirkt die Komposition der Perspektive technisch und hart, aber milder als bei den Bildern vorher; die Stellung der beiden Kähne vorn, die Häuserreihe und Bäume am Ufer und die helle Bildmitte verbergen und lenken ab, ohne die perspektivische Wirkung zu beeinträchtigen.

Dann ist es der Wasserspiegel, der hier schon deutlich aufglänzt, einen Lichtausgleich herbeiführt und das Helle im Bilde vergrößert.

Jene Nachtstücke der 40er erkennt man an der drastischen Perspektive und an dem schwärzlichen Gesamteindruck. Sie sind kontrastreich mit Lichtspuren und Reflexen im allgemeinen Dunkel. (Erst in den 50er Jahren gelingt die vom Licht durchdrungene Mondnacht.) So war es bei R. Camphuysen, der aber schon weit übertroffen wird. Ein Farbzweiklang – hier Ockergelb und Schwarzblau – wird zur Grundlage der Koloristik der Mondscheinlandschaften des van der Neer. Vorher finden wir diese Beschränkung in der Farbe bei Jochem Camphuysen[51].

Das Bemerkenswerte an dem Gemälde ist die Raumgestaltung mit der Linearperspektive und der erste große Versuch mit der Darstellung der Dunkelheit. Es ist die erste zweifarbige Nachtlandschaft im Gegenlicht.

„LANDSCHAFT MIT DEM ANGLER"
FB. Zeichnungen Nr. II. 190 x 300 mm)
in Leningrad (Eremitage Inv. Nr. 5994)

Abb. 33

---

[50] Der Winkel, in dem die Ufer zusammenstreben, mißt etwa 150 Grad.
[51] Vgl. FB. Camphuysen Abb. S. 13

Aufschlußreich ist dieser Landschaftsentwurf. Wir blicken auf das Knie eines Flusses, dessen Wasserfläche von einem Weg im Bogen kräftig umschlossen wird. Sie hat die Form eines links vom Bildrand angeschnittenen Ovales (wie die Winterlandschaft von 1643 [Abb. 25]). Die große Kurve des rechten Ufers, die hier von dunklen Wegrändern betont wird, ist eine wichtige Neuerung, die die folgend beschriebenen Gemälde zu ihrem Vorteil aufgenommen haben. Damit fällt der oft unnatürlich vorgelagerte Vordergrundstreifen weg (das „dritte Ufer").

Die geraden Züge der beiden Straßen sind zwar noch da, aber sie treten ganz zurück.

Im Vordergrund sind es die Personen in Rückansicht und das Schilf am Ufer, die dunkelsten Stellen im Bilde, die die Raumillusion weiter befördern und den Blick auf die hellste Stelle in der Bildmitte lenken.

Diese Zeichnung FB. II mit der Wegkurve und das Blatt FB. I mit den geraden Uferabbrüchen zeigen die äußersten Möglichkeiten der Van-der-Neer-Komposition. Sie werden bald beide zugleich im Bilde auftreten und eine extreme Formulierung darstellen.

Abb. 34   „VORNEHME GESELLSCHAFT AUF DEM EISE", dat. 1645
                      (HdG 568, H., 54,5 x 70 cm) in Washington (Corcoran Gallery)

In vieler Beziehung unterscheidet sich dieses von dem zwei Jahre älteren Winterbilde. Deutlich zeigt sich eine Mäßigung im Charakter der Winterbäume; die Stämme sind schlank und glatt geworden, das Zweigwerk ist feiner durchgeführt und ohne die Drehungen und Windungen des alten Stiles. Beruhigt ist der Erdboden. Die Eisfläche zeigt sich als ein breites Oval, und die Raumillusion wird durch den Weg gefördert, der in der Mitte des Vordergrundes beginnt und in einer weiten Kurve bis an den Horizont führt. Das ist die Neuerung, die auf dem vorhergehenden Blatt deutlich vorgebildet wurde. Die Landschaft wird schöner, wenn die Ferne im Bogen und nicht auf dem kürzesten Weg der Geraden erreicht wird. Viel Raum gesteht der Künstler der Eisfläche in der Bildmitte zu, und dort ist es die geschickte Anordnung der Staffage, die die Entfaltung zur Tiefe begünstigt.

Indem das Gegenständliche der Landschaft weit zurücktritt, gewinnt das Bild an Atmosphäre; und die Lichtperspektive läßt unseren Blick in die Ferne gleiten, wo sich die Schneelandschaft und der Himmel begegnen.

Die sichere Datierung macht uns das schöne Bild doppelt wertvoll; wir begrüßen die Gelegenheit, die Dorflandschaft in London (Abb. 35) und die Nachtlandschaft

---

52) Vgl. die ähnlich angelegten Gemälde „A Moonlight River Landscape" in der Verst. Sotheby am 18. II. 1981 in London mit einer ähnlichen Personengruppe, dann die Radierung des J. Ph. Le Bas „Vue entre La Haye et Rotterdam" im Kupferstichkabinett des Städel Nr. 12023 nach einem verlorenen Gemälde des van der Neer.

der Slg. Thyssen (Abb. 36), die der ähnlichen Komposition folgen, in zeitlichen Zusammenhang zu bringen.

"DORFLANDSCHAFT MIT EINEM JÄGER"   Abb. 35
(HdG 46. L., 130,6 x 166,3 cm) in London (National Gallery)

Auf dem großen und bedeutenden Werke biegt die große Kurve des linken Ufers, die vorn im rechten Bilddrittel beginnt, im Bogen weit herum bis in den Hintergrund. Daneben sind es immer noch die Zielgeraden, die zum Fluchtpunkt führen, das rechte Ufer und der Weg ganz links und die fallende Diagonale über den Häusern und den hohen Bäumen, die sich schließlich im Fluchtpunkt treffen. Da ist auch wieder das querliegende Boot, daß die Linienführung mildert.

Von besonderer Schönheit in Anordnung und Farbe ist die Haus- und Baumgruppe links; man möchte an Rubens oder an Wildens denken. Der Jammerbaum steht an einer wichtigen Stelle im Bilde, hier mit dem ornamental zur Schau getragenen Zweige wie auf Hondecoeters Landschaften.

Daß die Staffage nicht von van der Neer ist, darauf hat schon Hofstede de Groot aufmerksam gemacht, er gibt Lingelbach an. Wie die Personengruppe ursprünglich ausgesehen haben kann, erfahren wir aus ähnlichen Bildern van der Neers, die aus derselben Zeit stammen[52].

MacLaren hat im Londoner Katalog die Entstehungszeit zwischen 1660 und 1665 angesetzt, weil einer der Herren links das Rheingrafenkostüm trägt, das erst nach 1660 in Mode gekommen ist. Aber diese Staffage ist später eingemalt worden; die Komposition weist auf frühere Zeit hin[53]. Das Gemälde ist um 1645 entstanden. Wir orientieren uns an der datierten Eisszene Abb. 34, wobei sich zeigt, daß die Winterbilder mit ähnlicher Komposition den gleichzeitigen Nacht- und Abendlandschaften vorausgehen.

"MONDSCHEINLANDSCHAFT MIT EINER STRASSE, EINEM   Abb. 36
KANAL ENTLANG"
(HdG 164, L., 35 x 60,5 cm) in Castagnola (Slg. Thyssen-Bornemisza)

Das Gemälde ist in der Komposition dem Londoner Bild mit dem Jäger (Abb. 35) ähnlich. Der Uferbogen beginnt schon kurz vor der Bildmitte und biegt dann weit nach links und wieder nach rechts. Die nach vorn führende Straße neben der Kanalkrümmung mit Häusern und Bäumen und der Staffage am gegebenen Ort öffnet sich noch immer als großes Dreieck und entwickelt zum letzten Male jene

49

---

[53] "Work of the sixties, the costume is of c. 1660–1665; see especially the man of the left bending forward".
MacLaren, National Gallery Catalogue: The Dutch School, London 1960.
Vgl. J. H. der Kinderen – Besier, "Spelevaart der Mode", Amsterdam 1950 S. 170 ff.
(Spelevaart heißt Ausflug, Vergnügungsfahrt.)

dichte schnurgerade Lineatur, die sich neben Abb. 28 sehen lassen kann. Besonders schön ist der breite Wasserspiegel, der mit einem Teil des Wolkenhimmels die Helligkeit im Bilde ausmacht, und das Halblicht auf der regennassen Straße.

Abb. 37   „WINTERLANDSCHAFT MIT EINEM ZUGEFRORENEN KANAL"
(HdG 525. H., 35,5 x 62 cm) in Leningrad (Eremitage)

Die ungewöhnliche Anlage dieses Bildes zeigt die Variationsbreite in der Komposition. Der Standort des Betrachters wird geändert; er sieht nicht dem Flußlauf entlang, und die Aussicht in die Ferne wird verstellt. Die diagonal verlaufende Richtung des Gewässers und die von links hereinragende Uferpartie, die wie ein Riegel wirkt und das rechte Ufer zurückdrängt, bewirken eine sehr veränderte Ansicht.

Der Baumschlag ist weit entwickelt; er gleicht dem auf dem Winterbilde von 1645 in Washington. Es gibt eine Farbwiedergabe, die es in einem grauen Ton mit feinen Abstufungen als ein Werk von hoher Malkultur und echter Winterstimmung zeigt[54].

Dieselbe Komposition wurde von Rafael Camphuysen auf der „Nachtlandschaft mit dem Eichenstumpf" in Dresden übernommen[55]. Nach den Angaben bei HdG ist das Bild früher wesentlich größer gewesen. Es wurde an allen Seiten eingekürzt, was sich besonders oben und unten bemerkbar macht. Das Camphuysenbild kann uns eine Vorstellung geben, wie die Winterlandschaft ursprünglich ungefähr ausgesehen hat.

„LANDSCHAFT MIT DREI GEHÖFTEN"
(FB. Zeichnungen Nr. III. 190 x 315 mm)
Abb. 38   in Paris (Louvre, Cabinett des Dessins)

Diese Zeichnung schließt nicht verbindlich an die Zeichnung „mit dem Angler" (FB. II) und an die im Zusammenhang eingeordneten Gemälde an. Sie ist auch früher entstanden und unterscheidet sich in Technik, Ton und Stimmung. In der Komposition ist sie dem Bilde in Wien (Abb. 39) ähnlich. Daß sie um die Mitte der 40er Jahre entstanden ist, darauf weisen Strichführung und Komposition mit den bis in den Vordergrund heranreichenden einzelnen Bäumen und die Durchblicke hin. Diese Durchblicke, der tote Baum und die Baumstümpfe links sind noch immer Erinnerungen an die spätmanieristische flämische Landschaftsmalerei[56].

Das mit feiner Empfindung gegebene Blatt gehört zum Besten, was wir auf dem Gebiete der holländischen Landschaftszeichnung kennen.

50

---

54) Vgl. H. Fechner, „Le paysage hollandais du XVII. siècle à L'Ermitage" 1963
55) Vgl. FB. Camphuysen Abb. X.
56) Vgl. FB. Zeichnungen III Seite 17

"LANDSCHAFT MIT KÜHEN"   Abb. 39
(HdG 83, L., 61 x 80 cm) in Wien (Kunsthistorisches Museum)

Sie ist auch um 1645 entstanden. Der Tiefenkeil, der vorn links mit der Baumruine beginnt – ein „Saturnbaum", ein Überbleibsel aus der spätmanieristischen Zeit
– setzt sich in einer Baumreihe fort; und die rechte Flanke bilden Fluß, Zaun und
Bäume. In der Bildmitte vorn teilt ein Busch das Bild in zwei Hälften; links eine
genreartige Personengruppe wie bei Jan Breughel, rechts die unentbehrlichen
Kühe. Da ist noch die alte Komposition mit dem kleinen Durchblick links vom
toten Baum und die alte Farbperspektive mit dem braunen Vordergrund, der nach
hinten ins Bläuliche übergeht; auffällig aber die Hausgruppe in Blaßblau mit Goldocker für die Lichtstellen, also auch die Farbgebung wie bei Jan Breughel. Das
Gemälde wirkt viel flämischer und auch altertümlicher als das in Paris (Abb. 45),
aber es gehört ungefähr in dieselbe Zeit und ist auch eines der schönsten, voll lie-
benswürdigem Reiz und lichtvoller Verschmelzung seiner Farben.

Wir nehmen den Einfluß eines Einzelbildes an, das van der Neer beeindruckt hat.
Ein flämischer Unterton ist zwar im ganzen Jahrzehnt nicht zu überhören, aber hier
muß ein besonders deutlicher Anreiz angenommen werden [57].

Im Lande der Seefahrer und Maler waren Schiffe ein beliebter Darstellungs-
gegenstand; immer haben solche Bilder in Holland Beifall gefunden. Wahrscheinlich hatten viele Künstler auch genaue Kenntnis vom Technischen der
Segelschiffe [58].

A. van der Neer hat nicht viele Seestücke geschaffen; und für die Entwicklung des
holländischen Seebildes hatten sie keine besondere Bedeutung. Doch hat Stechow
diesen Seestücken eine beachtliche Wirkung auf van der Neers künstlerische Entwicklung zuerkannt. Wir kennen von ihm zwei datierte Werke bei Abendlicht (in
Hochformat). Außerdem werden zwei Seestücke bei Mondschein vorgestellt, die
etwas später entstanden sind. Die Boote auf den Bildern der 40er Jahre sind groß ins
rechte Licht gerückt, sie bestimmen die Komposition. (In den 50er Jahren liegen die
Segelboote weit entfernt, und der große Abstand macht die Seestücke den Mondscheinlandschaften ähnlich.)

"SEGELBOOT BEI RUHIGER SEE AM ABEND", dat. 1644   Abb. 40
(HdG 589. H., 44 x 47 cm) ehemals in Brüssel (Slg. Arenberg)

W. von Bode hat das Bild noch gesehen. Er sagt dazu: A. van der Neer „hat kaum

---

[57] Hier zeigt sich die Schwäche der stilkritischen Datierungsversuche; durch zufällige Einwirkung von außen
kann eine „logische" Reihenfolge in Frage gestellt werden.
[58] Vgl. dazu Carl Schünemanns Beitrag bei K. Müllenmeister, a. a. O. I Seite XXXV.

wieder ein zweites Bild gemalt, das der kleinen hellen Mondlandschaft der Sammlung Arenberg an malerischer Wiedergabe, an geistreicher, leichter Pinselführung,
an Energie der Lichtwirkung gleichkäme; es ist ein Werk, das an die besten Bilder
eines A. Cuyp und sogar an gleichzeitige landschaftliche Improvisationen von Rembrandt erinnert."[59]

Leider ist es nicht möglich, das begeistert gelobte Bild zu betrachten. Der Verwahrort ist unbekannt; wir haben nur eine ältere Lithographie des Gemäldes aus
dem Katalog von 1858. Da dominiert das Segelboot im Dienste der Komposition.

Das andere,

Abb. 41 „SONNENUNTERGANG AUF DER SEE", dat. 1646
(HdG 595 ?, H., 47 x 36 cm) ehem. Slg. Argenti,

hält Stechow für einen Höhepunkt im Schaffen des Künstlers[60]. Er leitet es aus der
Marinemalerei des Jan van Goyen ab und hält für möglich, daß von daher ein wichtiger Einfluß auf van der Neers Abend- und Nachtlandschaften überhaupt ausgegangen sei. Hier gibt es wieder den sehr hohen Wolkenhimmel, der dann für die
Nachtstücke wichtig wurde, und rötliche Reflexe des Mondlichtes im Wasser.

Abb. 42 „SEGELBOOTE IM MONDSCHEIN"
(HdG –. 25,5 x 33 cm) verschollen.

Das ausnehmend schöne Gemälde des van der Neer ist verschollen. Wir haben
einen Kupferstich davon in der Größe des Originales. Er heißt „Clair de Lune" von
P. Duret (geb. 1729 in Paris)[61]. Mit dem großen Segelboot im Mittelgrund schließt
sich das spätere Bild an die vorhergehenden an.

Abb. 43 „HAFEN IM MONDSCHEIN"
(HdG 594. H., 31,2 x 44 cm) in Schwerin (Staatliches Museum)

Das Seestück in Schwerin zeigt mehrere Schiffe im Brackwasser, von denen das
vordere auf die Seite gelegt ist, damit der Rumpf neu geteert werden kann. Daneben
liegt ein Floß, auf dem viele helle Teerfeuer brennen. (Die großen Seefahrtsgesell-
schaften, die Ostindische Kompanie und auch die Admiralität hatten ihre besonderen Teerhäuser, die auch auf den alten Stadtplänen eingetragen sind.)

[59] Bode S. 199–200
[60] Stechow S. 177 Abb. 354
[61] Vgl. Portalis et Béraldi: Les Graveurs du 18ième Siècle II. 103

Außer dem Teerfeuer als Lichtquelle in der Bildmitte strahlt rechts der Vollmond mit seinem Spiegelbild im Wasser und schafft ein zweites Lichtzentrum, wie wir es ähnlich bei den Brandbildern finden. Die merkwürdige Lichtwirkung gab den Anlaß für den Künstler, den Vorgang, den die Holländer kalfatern nennen, darzustellen.

Das Gewirr der Masten, die schwarz und starr vor dem Nachthimmel stehn, den dünnen sauberen Farbauftrag und die Stimmung finden wir auf Caspar David Friedrichs „Segelschiffe im Greifswalder Hafen" wieder; und die Komposition und das Motiv mit den verschiedenen Lichtquellen kommt dann 1838 auf William Turners Bild „Die letzte Fahrt des Téméraire" in der Tate-Gallery wieder vor.

"LANDSCHAFT MIT DORF AM FLUSS", dat. 1645   Abb. 44
(HdG –. H., 44,5 x 66 cm)

Die Luftperspektive läßt nach hinten zu allmählich alle Gegenstände der Landschaft blasser und farbloser erscheinen, immer im gleichen Verhältnis zur Entfernung.

Hier aber liegen noch verschiedene Beleuchtungsschichten hintereinander. Auf dem linken Ufer sind die drei Gebäude gegeneinander abgesetzt wie bei dem „Blick auf einen Kanal" (Abb. 29), das sind Reste der alten schulmäßigen Dreiteilung. Schon das zweite Haus ist sehr blaß und ohne den notwendigen Körperschatten, und hundert Schritte weiter ragt die große Kirche schemenhaft auf, fast so blaß wie die wirklich weit entfernten Häuser im Hintergrund.

Uns wundert der Mangel an Lichtkontinuität deshalb, weil sie van der Neer bald meisterlich beherrscht hat. Wir nehmen an, daß das Jahr 1645 der wichtige Wendepunkt war. An vorzüglichen Vorbildern hat es nicht gefehlt. Wir denken an den in Utrecht tätigen Herman Saftleven, besonders an seine „Landschaft bei Sonnenuntergang" von 1645 in Wien[62], ein Meisterwerk, in dem gerade die Lichtperspektive wirkungsvoll mitspricht. Hier ist es ein Damm, der die Funktion des perspektivisch sich verjüngenden Flußlaufes oder der Straße oder der Brücke übernimmt: darum war die Jahreszahl 1645 wichtig; sie erlaubt uns, ähnlich komponierte Werke beizuordnen.

"SONNENUNTERGANG AUF DER YSSEL"   Abb. 45
(HdG 65, H., 43 x 63 cm) in Paris (Petit Palais)

Dieses Bild gehört zu dem Schönsten, was van der Neer in diesen Jahren geschaf-

53

---

[62] Abb. bei Bernt Abb. 1094

fen hat. Die auf den Fluchtpunkt zulaufenden Ufer des Dammes bewirken unauffällig die Illusion des Tiefenraumes zusammen mit der atmosphärisch gebundenen Lichtkontinuität. Es ist ein sanftes und energisches Bewegen unseres Blickes in den Hintergrund. Die Farben, fast einheitlich aus Bernsteinbraun, Braunorange und einem Goldton erscheinen als Wirkung der untergehenden Sonne, deren Licht über die ganze große Mitte ausgebreitet ist. Die Schattenlagen bleiben durchsichtig; der Himmel spiegelt sich im Wasser und wirkt wie eine Ausstrahlung des Erdbodens. Die völlige Anspruchslosigkeit im Äußerlichen - ein paar Bäume, ein paar Häuser, eine Windmühle, ein Angler und einige Kühe und Enten -, das ist die holländische Szene, die uns in Stimmung versetzt. Es ist ein kleines Bild, aber von höchster Einheit in der Abstimmung der Tonwerte, dicht und voller Innerlichkeit, ein Bild von hohem Rang.

Vielleicht ist diese Landschaft um 1645 entstanden, wie sich aus dem Vergleich mit der datierten „Landschaft mit Dorf am Fluß" (Abb. 44) erkennen läßt.

Die veränderte Komposition mit dem Dammweg, der in der Bildmitte nach hinten führt, soll die Wirkung der Lichtperspektive am Gegenständlichen ablesbar machen, während die offene Mitte sonst ausweicht. Tatsächlich erreicht hier van der Neer in der Darstellung der Lichtperspektive eine letzte Verfeinerung. Die Abtönungen, die Schwebungen führen zu jener Lichtwahrheit, die von da ab viele seiner Werke auszeichnet. Und außerdem zeigt sich auf diesem Bilde die poetische Steigerung in seinen Landschaften.

Wenig später schafft van der Neer die

Abb. 46   „LANDSCHAFT BEI SONNENAUFGANG", dat. 1646
                          (HdG 132, H., 56 x 70 cm)

Damit beginnt eine Gruppe von Landschaften, die auffälligerweise im Vordergrund von einem Baume geteilt werden; hier von einem Jammerbaum (in der Art des Hondecoeter), der sich herausfordernd im rechten Bilddrittel erhebt und - wie es scheint - zunächst aus dem Bilde herausbiegt[63].

Weiter zurück im linken Drittel formen sich schöngestaltete Bäume eines Gartens abwechslungsreich zum Bukett, und ein Flüßchen mit dem Spiel des Wasserspiegels und eine Straße weisen zum Fluchtpunkt und befördern noch die wirksame Lichtperspektive.

Das Bild wird von Bode sehr gelobt: „Abweichendes Motiv, wetteifert mit A. Cuyp, ein vollendetes Meisterwerk."[64]

54

---

63) Vgl. „Niederdeutsche Beiträge zur Kunstgeschichte", Bd. 13. S. 272 und Anm. 5
64) W. v. Bode, Graphische Künste XII S. 84

Der Verwahrort ist seit langem unbekannt; uns steht nur eine alte Photographie zur Verfügung. Für unsere analytischen Versuche ist der „Sonnenaufgang" ein Leitbild; er ist sicher datiert und gibt den kompositionellen Tatbestand klar wieder: den verkrüppelten schiefen Baum nahe der Bildmitte, die perspektivischen und die lichtperspektivischen Mittel zur Tiefenentfaltung und das breite Gegenlicht.

„ABENDLANDSCHAFT MIT EINER WALDLICHTUNG" Abb. 47
(HdG 29, L., 127 x 158 cm)

Auf dem großen und bedeutenden Gemälde formt sich der Mittelgrund zu einem weiten Oval. Auch hier füllt wieder ein Baum die Bildmitte. Ganz vorn wird ein mächtiger Stumpf vom linken Bildrand angeschnitten, daneben bildeinwärts steht ein hoher vom Winde gebrochener Baum, ein „Saturnbaum", und darunter liegen zwei starke Stämme überquer am Boden, alles dicht nebeneinander wie ein Stilleben aus Erinnerungen an Savery. Die Wirkung des Tiefenkeiles in der rechten Bildhälfte wird darstellungstechnisch durch den Weg verstärkt, in dieser Beziehung dem Bilde „Landstraße bei Sonnenaufgang" (Abb. 46) ähnlich, und auch die flämischen Überbleibsel, die vom Wetter mitgenommenen Bäume, beeinflussen den Charakter der etwa gleichalten Landschaften.

Es sind Waagerechte und Senkrechte (das Liegende und das Aufrechte), die die klassische Fassung bestimmen; der Gesamteindruck ist ernst und großartig.

Ganz merkwürdig ist der Umstand, daß die beiden Herren rechts in einer Tracht dargestellt werden, die zur Zeit der Bildentstehung längst veraltet war. Der Mühlsteinkragen und die Hosen mit den Rosetten außen am Knie sind um 1632 Mode gewesen[65], das Gemälde ist aber etwa 14 Jahre später entstanden. Der Künstler hat hier also ein veraltetes Kostüm für passend gehalten (historisierend).

„WALDLICHTUNG MIT HIRSCHEN" Abb. 48
(HdG –. H., 53 x 80,5 cm) Privatbesitz

Es ist eine Mondscheinlandschaft. An den Seiten schließen Waldränder mit fülligen Bäumen ab, vorn stehen blattlose Eichen und Baumstümpfe, in der Anordnung dem vorbeschriebenen Bilde Abb. 47 ähnlich. Aber während dort das Licht ganz gleichmäßig von einer Seite kommt, haben hier die Baumstämme links von der Bildmitte den Lichtsaum an ihrer rechten, der Baumstumpf und der Baum im Mittelgrund aber an ihrer linken Seite. Das Gegenlicht wird nach der Bildmitte zu

55

---

65) Vgl. der Kinderen-Besier a. a. O. S. 89 Abb. 69

hereingezogen[66]. Drei Hirsche äsen links im Vordergrund, sonst ohne Staffage. Von dem „Hirschgarten" in Köln ist es in Form und Farbe verschieden[67].

Dieses Gemälde hat Theodor Fontane in seinen „Wanderungen durch die Mark Brandenburg" erwähnt. Es befand sich um 1861 im Schlosse Neu-Hardenberg, wo es Karl Friedrich Schinkel schon 1816 bewundert hatte[68].

Aus den Jahren 1645 bis 1647 kennen wir einige Gemälde, die dieser ungewöhnlichen Komposition folgen. Wir stellen zwei Winterbilder vor, die ebenso von einem beherrschenden Baum – hier winterlich kahl – in der Mitte geteilt werden. Das ist die 1646 datierte

„WINTERLANDSCHAFT MIT EINEM KAHLEN BAUM UND WINDMÜHLE", dat. 1646
(HdG –. H., 85 x 73,7 cm) ehem. Slg. Lord Clinton[69],

ein sehr ansprechendes Werk, das vermutlich an beiden Seiten eingekürzt wurde, und das nicht datierte Bild

„DIE SCHLITTSCHUHLÄUFER"
(HdG 477, H., 28 x 36 cm) in Amiens (Musée de Picardie)

Das ist ein eigenartig stilles Bild voller Winterstimmung. Es ist in einem ganz feinen silbergrauen Einheitston gehalten; nur wenig Braun zeigt sich im Vordergrund, selbst die Staffage hat keine Lokalfarben.

Hier geht es um den an ganz auffälliger Stelle eingesetzten „schulgerechten braunen Baum" vorn mitten im Landschaftsbild, ein um diese Zeit sehr ungewöhnliches Kunstmittel wie bei weiland Hans Bol im vergangenen Jahrhundert; und auch Matthias Merian hatte den Baum ebendort in seinen „Jahreszeiten".

Abb. 49   Die „LANDSCHAFT MIT DEM VOGELSTELLER", dat. 1646
(HdG –. H., 56 x 71,5 cm) in Essen (Slg. Girardet)

wird durch den Jammerbaum in zwei Hälften geteilt. Rechts und links sind Bauernhäuser und Bäume ohne viel Perspektive, man erwartet alles vom Repoussoir. Verwunderlich ist die Aufstellung der Personen wie auf der alten Vordergrundbühne für die szenischen Darstellungen. (Sonst pflegen van der Neers Staffagefiguren

---

66) Vgl. S. 62 Anmerkung 82
67) Im Katalog des Wallraf-Richartz-Museums 1967 Nr. 2990
68) Vgl. Th. Fontane, „Wanderungen durch die Mark Brandenburg (Oderland)
   Das Gemälde war 1980 in der Kunsthandlung Müllenmeister in Solingen. Es kann auf keinen Fall HdG 102 B sein, denn das war 1864 in der „Sammlung der Gesellschaft patriotischer Kunstfreunde in Prag".
69) Verst. Sotheby am 19. VII. 1950 Nr. 102

meist bescheiden bildeinwärts zu gehen.) Auch die Form der Darstellung ist ungewöhnlich, das greifbar Nahe ist seiner Sehgewohnheit entgegengesetzt – das hatte es einmal bei A. Bloemaert gegeben. Die Tiergruppe erinnert noch an Hondecoeter[70]. Es ist ein schwer verständliches, aber vorzüglich ausgeführtes Bild, dessen Aufwand verwundert.

Das viele Braun herrscht vor und unterdrückt alles andere, ganz anders als bei dem folgenden „Ausritt zur Jagd" aus dem gleichen Jahre.

Das Novellistische und die Stellung der Figuren in der „Landschaft mit dem Vogelsteller" bildet den Zusammenhang mit einem anderen Werke aus demselben Jahre, mit dem gleichgroßen

„AUFBRUCH ZUR JAGD", dat. 1646   Abb. 50
(HdG –. H., 55 x 71 cm) [71]

Wir sehen rechts zwei vornehme Reiter, einen Pferdeknecht, Pferde und Hunde im Vordergrund, der hier wieder an Bedeutung gewinnt. Über einem vom Kriege zerstörten Dorf, dessen Schloß und Kirche als Ruinen an den Bildrändern aufragen, liegt ein mildes Abendlicht. Das spiegelt sich farbig in der Bildmitte im ovalen Dorfteich.

Es ist möglich, daß historische und topographische Belange hinter der Szene stecken, die für das künstlerische Verständnis nicht ganz gleichgültig sind, sieht es doch so aus, als ob Ruinen und Reiter nicht beziehungslos nebeneinander ständen. Die Schloßruinen rechts sind nach der Natur gezeichnet, wie die standhaft gebliebenen Mauerwinkel und die Sturmstangen in den leeren Fensterhöhlen wahrscheinlich machen. Ruinen kommen nach dem Brandbilde von 1637 hier zum ersten Male wieder vor, noch ohne viel Stimmungsgehalt; die Bäume treten zurück.

Ungewöhnlich ist die Größe der Figuren und ihre buntfarbige Ausstattung in Schwarz, Rot und Weiß – herausfordernde Lokalfarben wie sonst niemals bei van der Neer. Bei dem Verhältnis der Personen und Tiere zur Landschaft liegt es nahe, an A. Cuyp zu denken[72], und der weite wunderschöne Himmel spricht nicht dagegen.

„LANDSCHAFT MIT VIEH"   Abb. 51
(HdG –. L., 57 x 85 cm) in Los Angeles (Fisher Collection)

Wir stellen diese Bilder der bevorzugten Genredarstellung wegen in diesen Zeitzusammenhang.[73]

70) Ein Vordergrundbaum mit lagernden Tieren ist bei Hondecoeter und bei Savery ein beliebtes Motiv; vgl. G. de Hondecoeter: „Paradieslandschaft mit zahlreichen Tieren". Abb. bei Müllenmeister II. 182
71) In der Kunsthandlung Xaver Scheidwimmer in München 1978
72) Vgl. A. Cuyp, „Reiter am Wirtshaus" in der Slg. v. Pannwitz, Abb. bei Bode, Malerschulen S. 145
73) Übereinstimmungen auf datierten Bildern überzeugen uns, daß eine zeitliche Anordnung aufgrund auffälliger Kompositionsmerkmale möglich ist. Es kommt aber auch vor, daß sich Kompositionen aus der

Auf der auch hier wieder beachtlich breiten Vordergrundbühne sehen wir Kühe und einen Hirten. Dazwischen bleibt ein Durchblick auf eine großgesehene Baumgruppe in der Bildmitte. Hier wird der Landschaft viel Gewicht beigemessen; es ist eine Dorfstraße mit abwechslungsreichen Ansichten aus Haus und Baum, eine vorzüglich gemalte liebenswürdige holländische Szene.

Die Tiere, die groß im Vordergrund stehen, erinnern wieder an A. Cuyp; der Hirte trabt knickebeinig daher, den Kopf mit verschwimmendem Blick nach rechts oben gewandt, wie auf den manieristischen Gesichtern des A. Bloemaert, und vielleicht läßt auch die Zusammenstellung von Landschaft, Mensch und Tier an Utrecht und an Bloemaert denken; dort entstand die Eingliederung der Gruppenstaffage in die Landschaft; und Bäume und Tiere behalten eine gewisse Monumentalität.

In diesen ikonographischen Zusammenhang gehört noch das eigenartige Bild mit

„MERKUR UND ARGUS"
(HdG –. L., 59 x 111 cm) Privatbesitz[74]

In einer zarten Baumlandschaft gehen die Kühe, als ob nur Farbe und Licht die Komposition bestimmt hätten. Noch sieht man der knorrigen Jo die Herkunft aus Hondecoeters Bildern an; und da kniet Merkur wie eine Figur des Nicolaus Knüpfer daneben, der seit 1630 in Utrecht arbeitete. Es liegt nahe, den Bildungseinfluß Amsterdams bei dem Besteller zu vermuten; dort war der Klassizismus der Historienmaler zu Hause.

Ein anderes ungewöhnliches Bild – vielleicht auch aus den 40er Jahren – ist

„DAS INNERE EINER SCHMIEDE"
(HdG 613. H., 26 x 42 cm)[75].

Im Halbdunkel eines großen Innenraumes befinden sich mehrere Personen. Sie sind vortrefflich beobachtet und geschickt dargestellt, und der Umgang mit dem Licht, das vom Schmiedefeuer ausgeht – es ist mit großer Delikatesse behandelt – macht dem Meister der Mondscheinlandschaften alle Ehre.
Besonders diese Darstellung weckt Erinnerungen an das frühe Wachtstubenbild (Abb. 1).

gleichen Zeit unterscheiden und daß die Entstehungszeit ähnlich komponierter Bilder weit auseinanderliegt. Das Datierungsproblem ist mechanisch nicht lösbar, weil die künstlerische Entwicklung nicht geradlinig und logisch verläuft. Aber es ist auch noch ein Unterschied, ob ein Baum oder ein Pferd als kräftiges Formelement im Mittelfeld eines Landschaftsbildes steht.

"FLUSSLANDSCHAFT MIT HOHEN BÄUMEN BEI
SONNENUNTERGANG"
(HdG 70 B. H., 75,5 x 105,5 cm) in Zürich (Kunsthaus)

Abb. 52

Das ansehnliche Gemälde ist eine Abendlandschaft im Gegenlicht. Der Vordergrund wird durch auffällig tiefe Gräben und Bodenwellen unterteilt und hart vom Mittelgrund abgetrennt; dort biegt der Fluß um und zeigt sich in seiner Breite.

Zur Bewältigung der Raumtiefe wurden die perspektivischen Mittel mit einer nach außen führenden Baumreihe und der Straße eingesetzt, auf der sich in berechnetem Abstand dreimal je zwei Menschen aufhalten, um in zunehmender Verkleinerung die Entfernungen abzustecken. Wirksam wird außerdem die bekannte Baumstellung mit dem großen randüberschneidenden braunen Vordergrundbaum links und dem schon deutlich kleineren rechts im Mittelgrund.

Neben der sorgfältigen Komposition beansprucht die Beleuchtung unsere Aufmerksamkeit. Hier auf dem Abendbild ist der seltene Augenblick wahrgenommen worden, in dem sich die untergehende Sonne und der aufgehende Mond in gleicher Höhe am Himmel begegnen.

Das Licht des hellen grauen Himmels glänzt in der leeren Bildmitte im Wasser, vom dunklen Braun vorn und an beiden Seiten umklammert, und links oben am Himmel scheint noch einmal das erdige Braun an den Wolken auf.

Der bernsteinfarbene Gesamtton und die Komposition lassen diese Landschaft älter erscheinen als die Kostümdatierung erlaubt, aber die späten Merkmale geben den Ausschlag: Die Kleider der beiden Herren rechts im Vordergrund deuten auf eine Entstehungszeit in der zweiten Hälfte der 40er Jahre.

"LANDSCHAFT BEIM DUNKELWERDEN"
(HdG 38, H., 43 x 67 cm) in den Haag (Museum Bredius)

Abb. 53

Es handelt sich hier wohl um eine Nachtlandschaft, die um 1645 entstanden ist. Die Lichtquelle – opakweiß – befindet sich in der Bildmitte.

Diesmal wird der Tiefeneindruck mit aufwendigen Landschaftsgegenständen erzeugt. Repoussoirs finden wir sonst schon auf allen Landschaften vorher, hier aber geht es um eine doppelte und maximale Anwendung, indem im Vordergrund ein die ganze Bildbreite beanspruchender Zaun den Mittelgrund und im Mittelgrund die große Fläche eines schattendunklen Hauses den Hintergrund zurückdrängt. Dabei wird in Kauf genommen, daß das Bild ziemlich dunkel wird; nur der

74) Abb. im Katalog des Dorotheums in Wien zur 433. Kunstauktion am 16. III. 1935
75) Abb. in der Zsch. f. bild. Kunst NF XXVII 1916.
   Das Gemälde war 1981 auf der Kunstmesse in Delft zu sehen (Kunsthandlung P. de. Boer).

Lichtschein am Himmel und der Wasserspiegel hellen ein wenig auf – eine Landschaft im Schatten, eine extreme Lösung.

Wir erinnern an ein Bild des Rafael Camphuysen (FB. Camphuysen Nr. VI) mit einer ähnlichen Anlage und an ältere Dorfansichten des Frans und des Joos de Momper[76]. Dann gibt es eine 1645 datierte Landschaft mit dem Monogramm RC, auf der diese Repoussoirwirkung ebenso gebraucht wird[77]. Aber das ist nicht Rafael Govertsz. Camphuysen, sondern sein Vetter Rafael Diercksz. Camphuysen gewesen, der dieses Bild geschaffen hat. Nützlich ist uns die Jahreszahl 1645, ein Hinweis auf die Entstehungszeit des Bildes von van der Neer.

Abb. 54   Der „WEILER IN DER MAAS"
(HdG 71, H., 69,5 x 92 cm) in Leningrad (Eremitage)

Es ist die seltene Abendstunde nach einem heftigen Gewitterregen. Die Wolken haben einen Teil des Himmels freigegeben; die Sonne verbirgt sich hinter einer großen Windmühle und überflutet die ganze Landschaft mit einem wunderbaren abendlichen Licht. Die kühlen Farben, die am Himmel vorherrschen, spiegeln sich im Wasser der Maas; und der dunkle Boden wird zum stummen Zeugen, wie der brechende Tag mit erschreckender Schönheit in Licht und Farbe sich verausgabt[78].

Im Mittelpunkt auf einer Halbinsel liegt, den Horizont überragend, eine Häusergruppe. Rechts steht groß und dunkel die Windmühle, gewaltig im Gegenlicht und erhaben. Hier wird die holländische Landschaft – sonst ohne Pathos – in seltener Steigerung dargestellt. Die Mühle und der Weiler drücken die dahinterliegenden „Gründe" zurück, und die Luftperspektive tut – besonders im linken Bilddrittel – das letzte, um uns die Wahrheit dieser großartigen Darstellung begreiflich zu machen.

Die raumbauenden Kunstmittel bleiben unauffällig: ein flacher Segmentbogen beginnt links vorn auf dem liegenden Stamm, hebt sich über den ganzen Weiler und senkt sich rechts hinter dem Fundament der Mühle. (Vgl. das Diagramm S. 81).

W. von Bode hatte zunächst 1650 als Entstehungsjahr angenommen[79], später nannte er 1649, gleichzeitig mit den „Kugelspielern" in Prag. Aber wir haben mehrere Hinweise, daß der „Weiler in der Maas" schon 1646, in dem fruchtbarsten Jahre der 40er, geschaffen wurde.

Zunächst ist es die kompositionelle Übereinstimmung mit dem 1646 datierten „Baufälligen Schloß" (Abb. 56), das trotz der Abweichung in der Größe als Gegenstück im weiteren Sinne gelten darf und eine gleichzeitige Entstehungszeit annehmen läßt.

---

[76] Vgl. „Dorf bei Vollmond" in Prag Nationalgalerie. Inv. Nr. 036
[77] Abb. im Katalog Lempertz – Köln, Verst. vom 24. XI. 1976 Nr. 420
[78] Die Farben sind außergewöhnlich großartig. Es gibt mehrerer Buntdrucke von dem Gemälde; sie unterscheiden sich in der Farbwiedergabe:
Vgl. Meisterwerke aus der Eremitage. Holl. und Flämische Schule. Verlag Artis – Prag 1962, Tafel 39, und E. Fechner, Le paysage hollandais du XVII. siècle á L'Ermitage, 1963

Dann gibt es eine Radierung „Les Moulins hollandais" von F. A. La Guillermie   Abb. 55
nach der

„MONDSCHEINLANDSCHAFT" des van der Neer HdG 224,

die dem „Weiler in der Maas" ähnlich ist. Bei der Versteigerung von HdG 224 im
Jahre 1877 in Paris wurde im Katalog vermerkt, daß das Gemälde 1646 datiert sei[80].

Der „Weiler in der Maas" ist eines der schönsten Landschaftsbilder der holländischen Malerei überhaupt. Hinter ihm stehen alle anderen Mühlenbilder van der
Neers zurück. (Sie sind früher als die Rembrandts und Ruisdaels.) Eine Winterlandschaft mit einer Mühle (H., 56 x 71 cm, Ausst. Agnew-London 1947) gehört auch in
die Zeit um 1646.

„MONDSCHEINLANDSCHAFT MIT EINEM BAUFÄLLIGEN   Abb. 56
SCHLOSS", dat. 1646
(HdG 254, H., 58 x 82 cm) in Tel Aviv

Der Charakter des bedeutenden Nachtstückes wird durch die starken Helldunkelunterschiede bestimmt, links unten die tiefdunkle Erde, rechts in der Umgebung des Vollmondes und des Wasserspiegels ein strahlendes Licht. Wieder ist die
Bildmitte betont, hier ist es ein Bauwerk wie auf dem vorhergehenden Bild mit dem
Weiler; der Tiefenkeil zielt auf die Schloßruine. Die dunklen Teile der Landschaft
sind vorzüglich durchgeführt, zarte Lichtränder an den Bäumen, den Mauern des
Schlosses und an jedem Grashalm von präziser Zeichnung. Rechts auf dem Wege
stehen zwei Herren, ganz dunkel im Gegenlicht vor der hellsten Stelle im Bilde. Sie
tragen ein kurzes Gewand, einer Pelerine ähnlich, wie es auch auf dem Mühlenbild
und anderen vorkommt. Der Mond steht weit hinter der Wolkenlandschaft, damit
auch am Himmel eine Lichthöhle entsteht.

Dieses Bild hat genau die Komposition wie die Landschaft mit der Mühle; beide
sind auf der Waagerechten in Drittel unterteilt, von denen die mittleren die horizontüberragenden Gebäude einnehmen. Die aufragende Mühle entspricht den hohen
Bäumen, und auf dem letzten Drittel zeigt sich bei beiden Bildern eine Fernsicht mit
Wasserspiegel. Schließlich erhebt sich die Mittelpartie auf einem Segmentbogen
(vgl. das Diagramm S. 81). Die Maße sind nicht gleich, die Bilder entsprechen sich
dem Sinne nach, und es ist nicht ausgeschlossen, daß es Varianten gegeben hat, bei
denen die Zentimeter übereinstimmen. Das rechte Bilddrittel mit dem Mondlicht
ist von bedeutender Schönheit[81].

61

79) Vgl. Graphische Künste 1889 S. 84–85
80) Verst. Brooks in Paris am 18. IV. 1877 Nr. 51
81) HdG hat von diesem Bilde gesagt, daß van der Neer damit die volle künstlerische Reife erreicht habe. Wir
    würden diesen Ruhm dem Mühlenbild und anderen vorher zusprechen. Die Nachtstücke sind noch nicht
    am Ziel.

Abb. 57 „WEIDELANDSCHAFT MIT EINEM WEG”
(HdG 45, L., 119 x 161 cm) in London (National Gallery)

Das sehr umfangreiche Bild zeichnet sich durch eine vollendete Raumillusion aus, die mit allen Mitteln erstrebt wird, mit der Baumstellung, mit den zum Fluchtpunkt führenden Flanken und dem in einer S-Linie nach hinten führenden hellen Weg. Sogar die Wolke rechts oben ist beteiligt.

Im Vordergrund, der wie oft durch einen Zaun vom Mittelgrund getrennt wird, stehen hohe Seitenbäume, von der oberen Bildkante angeschnitten, daneben ein toter Baum und ein großer gut beleuchteter Baumstumpf als Repoussoir und als Stimmungsträger. An genau dieser Stelle finden wir ihn auf den Landschaften des Hondecoeter und des Savery; und die genaue Durchführung läßt uns an die Zeichnungen des Savery denken, wie sie sich im Atlas Blaeu befinden. Immerhin wirkt der Baumstumpf eigenartig an wegsamem Ort, groß und anspruchsvoll im Vordergrund in seiner plastischen Deutlichkeit neben den liegenden Baumstämmen so ähnlich stillebenhaft wie auf der „Abendlandschaft mit einer Waldlichtung” (Abb. 47). Es bleibt auffällig, mit welcher Hingabe sich van der Neer der Darstellung des morschen Stumpfes widmet, wie gefesselt von seiner vordergründigen Gegenständlichkeit.

Der Mittelgrund liegt quer als dunkler Streifen da wie auf den Rubenslandschaften. Ganz links noch zwei Personen, deren Kostüme den späten 40er Jahren angehören sollen (MacLaren).

Die rechte Bildhälfte zeigt die ganze Anmut eines holländischen Dorfes; sie führt bis zu dem hohen Horizont, der uns die schöne Ferne bis an den Strom genießen läßt. Alles fügt sich aufs beste zusammen, auch die Tiergruppen und die beiden Personen, die sich auf dem von der Abendsonne beschienenen Wege begegnen.

Merkwürdig ist wieder die Lichtführung. An den Baumstämmen links vom Wege sehen wir die Lichtränder an der rechten Seite; an dem Balken rechts vom Wege und an den Leibern der Kühe aber an der linken. Das Gegenlicht kommt zugleich von halbrechts und von halblinks. Dadurch wird das Helle verbreitert nach innen hereingezogen – eine Übertreibung, um das Erfreuliche der Erscheinung auszukosten[82].

Als Entstehungszeit dieses wichtigen Werkes nehmen wir die späten 40er Jahre an. Dafür sprechen die hohen Randbäume und die Bewegtheit ihrer Stämme, die zweite Blickstraße links, die sie freigeben, der Baumstrunk aus Saverys Skizzenbuch, der hohe Horizont und die Kostüme.

---

[82] Eine entsprechende, aber viel drastischere Erscheinung hat Goethe an der Rubenslandschaft im Pittipalast beobachtet und als das „doppelte Licht” bezeichnet, die dann Jacob Burckhardt bei einer anderen Rubenslandschaft so beschrieb: „Merkwürdig, daß er das Licht, und zwar lebhaftes Sonnenlicht, von zwei verschiedenen Seiten darf kommen lassen, ohne damit zu stören”.
Vgl. Goethe, Gespräche mit Eckermann, am 18. April 1827, und J. Burckhardt, Erinnerungen aus Rubens. Gesamtausgabe Bd. 13, S. 516.

„DORF IM MONDSCHEIN”   Abb. 58
(HdG 306, L., 57 x 76 cm) in Wien (Kunsthistorisches Museum)[83]

Dieses Gemälde gehört zu den besten aus den 40er Jahren; es ist überhaupt das
schönste unter den dunklen Bildern, ein Meisterwerk der Komposition und der
Lichtperspektive. Links und rechts schließen hohe Bäume den Bildraum in der
erprobten Anordnung ab; und eine Zickzacklinie, die rechts unten bei dem liegenden Baumstamm beginnt und bis links hinüberführt, dann wieder nach rechts und
wieder nach links, immer dem Weg und dem Rinnsal folgend, führt unsern Blick bis
ins Helle am Horizont. Der selbst geht über das untere Bilddrittel hinaus, um uns
Einblick auf den in helle und dunkle Querstreifen gegliederten Erdboden zu bieten.

Der Vollmond steht weit rechts über dem Dorf im Mittelgrund, das sich von seiner schönsten Seite zeigt; da brennt auch ein Holzfeuer, eine zweite Lichtquelle, die
den anheimelnden Dorfraum von innen her erleuchtet und zusammen mit den
glänzenden Wasserstellen den dunklen Bereich aufteilt.

Wir sehen, daß der Künstler sehr um die Tiefenraumgewinnung bemüht war,
auch noch im großen mit den hohen Bäumen links und im einzelnen mit den beiden
Wanderern, die bildeinwärts schreiten, oder mit dem Weidenzaun vorn und den
aufgehängten Netzen im Mittelgrund.

Das Dorf freut uns schon, aber es wird von dem Licht neben der fernen Stadt vor
der Wolkenwand übertroffen. Es ist ein Reichtum von sorgsam durchgeführten Einzelheiten und eine Vielfalt an Motiven, die doch von der Dunkelheit wieder zusammengefaßt wird, in der sich, langsam nach hinten heller werdend, die Lichtperspektive entfaltet.

Wir sind der Überzeugung, daß es sich um ein Werk der späten 40er handelt, das
höher steht als vieles aus den 50er Jahren. Es hat manches mit dem Weidebild in
London (Abb. 57) gemeinsam.

„FLUSSLANDSCHAFT MIT DAMMWEG”, dat. 1646   Abb. 59
(HdG –. H., 33 x 53 cm)[84]

Das rechte Flußufer tritt in diesem Bilde weit in den Mittelgrund zurück, damit
konnte die allzu perspektivische Anlage des etwas älteren Nachtstückes in Frankfurt
(Abb. 32) vermieden werden; und der Dammweg mit Brücke, der auf der „Landschaft mit Dorf am Fluß” von 1645 (Abb. 44) die Raumergreifung unterstützt, liegt
hier in der linken Bildhälfte, als helle Spur im Bogen bildeinwärts führend. Dadurch

---

[83] Die Beschreibung bei HdG 306 trifft nicht zu; es ist sicherlich eine Verwechslung.
[84] Vgl. den Katalog zu Göteborgs Auktionswerk am 10. XI. 1976 Nr. 268 und ein ähnliches Bild im Kat.
Sotheby Dez. 1975 Nr. 65.

wurde die Bildmitte und die rechte Bildhälfte frei für das Licht des Wasserspiegels. Das rechte Ufer und der Damm aber wirken wieder als Repoussoirs.

Das primäre Interesse des Nachtstücks ist die Beleuchtung. Im großen Bogen dehnt sich der helle Teil des Himmels über die dunkle Erde, breit und umfassend, und führt den Blick bis weit in den Hintergrund. Das Wasser des Flusses wird durch den Widerschein des Himmels in die Helligkeit mit eingeschlossen und gibt einen Lichtausgleich oben und unten; die helle Mitte aber und die Dunkelheiten an allen Seiten schaffen das Konkave der holländischen Landschaften, von denen Fromentin sagt: „Alle holländische Malerei ist konkav … alles ist kugelförmig gezeichnet, gemalt, belichtet, mit kräftiger Basis, mit zurückweichender Höhe und abgerundeten Ecken, die nach dem Mittelpunkt zustreben; daraus folgt, daß sie in die Tiefe wirkt."

Wenn wir von der Farbe absehen (die wir nicht kennen), dann ist in diesem kleinen, zum Glück datierten Bilde schon fast alles vorhanden, was uns nach der Jahrhundertmitte an van der Neers Mondscheinlandschaften begeistern wird.

Abb. 60   „MONDSCHEINLANDSCHAFT MIT EINEM ALTEN SCHLOSS",
dat. 1647
(HdG 431, H., 57,5 x 89 cm) in Bredeney (Slg. Krupp)[85]

Das bedeutende Werk ist der „Landschaft mit dem baufälligen Schlosse" bildinhaltlich ähnlich; aber während dort die drei Raumabschnitte getrennt und stufenweise waagerecht angeordnet sind, wird hier auf der linken Uferseite alles zügig in die Bildschräge eingefügt, die von der linken unteren Bildecke bis zum Fluchtpunkt im rechten Bildviertel verläuft. Das rechte Ufer zeigt sich als Gegengewicht; und die helle Wolkenpracht rückt nach der Mitte zu, die durch den Schloßturm bezeichnet wird.

Die Landschaft aus Göteborg (Abb. 59) hat ein breites mildes Mondlicht, die mit dem baufälligen Schlosse einen dramatischen Gewitterhimmel, auf dem Bilde der Slg. Krupp hellen weiße Kumuluswolken die ganze Landschaft auf. A. van der Neer beschäftigte sich in diesen Jahren mit den atmosphärischen Vorgängen. Den Himmel erfüllt seit langem nicht mehr schablonenhafte Wolkenornamentik, die sich auf ähnlichen Bildern wiederholt, sondern es sind Wolkenbilder von großer Schönheit, denen Beobachtung zugrundeliegt[86]. Sie beeinflussen die Stimmung und lassen die Komposition und Beleuchtung in einem anderen Lichte erscheinen. Der Wolkenhimmel ist dem schattendunklen Erdreich ebenbürtig geworden.

64

---

[85] Das Bild ist nur mit AN monogrammiert und 1647 datiert, wie nun einwandfrei festgestellt wurde. HdG hatte 1643 angegeben.

[86] Die Meteorologen des Deutschen Wetterdienstes (Wetteramt Trier) stellen fest, daß der Wolkenhimmel dieses Bildes naturgetreu wiedergegeben ist.

Es mußte der vom Mondlicht erhellte Nachthimmel sein, der die Augen für die Schönheit der Wolkenbildung geöffnet hat.

Abb. 61

„LANDSCHAFT MIT ZWEI BAUERN BEI EINEM KUGELSPIEL",
dat. 1649
(HdG 76, H., 42 x 70 cm) in Prag (Nationalgalerie)

Da sind noch einmal die vielen zentralperspektivisch ausgerichteten Linien als Kanten zweier Spielfelder, als Flußufer, Weg und Zaun.

Die Anlage des Spielfeldes erinnert an die geradlinig rechtwinkligen Beetkanten im „Parterre" eines herrschaftlichen Gartens, wie solche oft auf Monatsbildern (als April) im späten 16. Jh. in der flämischen spätmanieristischen Malerei und Graphik dargestellt worden sind (vgl. Hans Bol 1553).

Man hätte das Bild wohl für früher gehalten, aber die Jahreszahl ist eindeutig 1649 – übrigens die letzte für längere Zeit und die vorletzte überhaupt!

Das besonders Schöne an dem Bilde sind die Farben. Der Erdbereich bleibt braun mit dunkelbrauner Zeichnung; der Himmel leuchtet im Abendlicht in Altrosa und blassem Hellblau. Es sind ganz zarte Farben, die den Himmel weit entfernt erscheinen lassen, und diese Farben hatten W. von Bode veranlaßt, das Bild mit dem „Weiler in der Maas" in zeitlichen Zusammenhang zu bringen.

Auch in den späteren 40er Jahren sind Winterbilder entstanden. Sie zeigen noch ein deutliches Interesse am Sachlichen, etwa an der Darstellung der Uferstruktur, der Häuser, an Aufbauten oder in seltenen Fällen an einem Arbeitsvorgang.

Abb. 62

„WINTERLANDSCHAFT MIT MÄNNERN BEIM
SCHILFSCHNEIDEN"
(HdG 495. H., 59,5 x 84 cm) in Enschede (Reichsmuseum Twenthe)

Auf dem ungewöhnlichen Gemälde sind im Vordergrund sechs Männer bei der Arbeit dargestellt. Ähnliche Vorgänge können wir nur selten auf van der Neers Landschaften antreffen (z. B. Matrosen beim Kalfatern oder Fischer beim Einziehen der Netze). Das mannshohe Schilfrohr wurde im Winter, wenn der Schlammgrund fest gefroren war, mit der Sichel geschnitten und in Bunde zusammengefaßt. Die Verwendung war vielseitig; man brauchte das Rohr zu Faschinen, im Gartenbau und hauptsächlich zum Dachdecken.

Dieses Landschaftsbild hat eine vorzügliche Tiefenillusion, die hauptsächlich mit Repoussoirs, mit den Gruppen der Winterbäume auf der linken Bildhälfte erreicht wird.

Vor dem ersten Weltkrieg befand sich das Gemälde im Schlosse zu Dessau.

„DORF IM WINTER"
(HdG 503. H., 32,5 x 52 cm) in London (National Gallery)

Der Blick geht auf die Biegung eines Flusses; es ist eine unsymmetrische Anlage. Auf dem hohen linken Ufer sind große Gebäudegruppen dargestellt. Die Kostümdatierung deutet auf eine Entstehungszeit in den späten 40er Jahren hin, wie auch MacLaren vermutet.

Es bleibt das letzte Viertel der 40er Jahre außer dem Bild von 1649 in Prag ganz ohne Datierungen. Wir vermuten, daß in dieser Zeitspanne neben großartigen Abendlandschaften jene Nachtstücke entstanden sind, die durch den hohen Baumbestand schon sehr dunkel wirken, deren Seitenbäume bis zur oberen Bildkante aufragen. Auffällig sind die starken Lichtkontraste; die dunkelste Stelle steht neben der hellsten, und sonst bleibt viel im Halbdunkel. Auch der beobachtete Wolkenhimmel, der sich im Wasser spiegelt, zeigt kräftige Lichtunterschiede; und der Tiefenzug ist in einigen Fällen nur mäßig wirksam.

Bei der „MONDSCHEINLANDSCHAFT MIT EINEM KANAL"
(HdG 184, L., 111 x 154 cm) in Darmstadt (Gemäldegalerie)
und bei der
„MONDSCHEINLANDSCHAFT"
(HdG 362, L., 71 x 65 cm) in Dordrecht (Museum)

bleiben größere Bildteile so dunkel, daß man sie nur bei genauem Betrachten erkennen kann; das sind realistische Darstellungen, die die Nacht so schwarz wiedergeben, was freilich am Grundsätzlichen der Nachtmalerei rührt.

Baumlandschaften sind es, die in den frühen und den späten 40er Jahren und auch in den 60ern noch wiederkommen – van der Neer nimmt seine Stunde wahr, in der der Abend in die Nacht fließt.

Die „MONDSCHEINLANDSCHAFT MIT FISCHERNETZEN"   Abb. 63
(HdG 305, L., 62 x 76 cm) in Schleißheim (Staatsgalerie)

hat eine symmetrische Anlage mit der hellsten Stelle mitten im Hintergrund (vgl. das Diagramm!). Der weite nächtliche Wolkenhimmel ist beobachtet und geordnet. Bis an die helle Stadt füllen die offene Mittelbahn zahlreiche Einzelheiten, raumbauende Werte, die unsere Blicke in die Ferne führen. Rechts leuchtet der Wasserspiegel ganz matt; dichter und besonders schön ist das linke Bildviertel, wo Lichtlinien die alten Kopfweiden säumen, wo die Uferwand abwechslungsreich aus Häusern und Bäumen gebildet wird, aus Bäumen, die an Rubens erinnern. Dort herrscht feierliche Stille wie in einem Innenraum.

Wegen der schwärzlichen Dunkelheit kann das Bild nur bei starkem Licht genossen werden; es ist distanzempfindlich. Wenn man den wünschenswerten Abstand wählt, um es zu überblicken, dann wirkt es fast zu dunkel.

Die Datierung läßt sich schwer einengen; wir schlagen die letzten 40er Jahre vor, etwas später als das Bild in Dordrecht.

„MONDSCHEINLANDSCHAFT MIT EINEM HOLZSTEG"   Abb. 64
(HdG 310. H., 25 x 22 cm) in Vaduz (Slg. Liechtenstein)[87]

Der Vollmond ist zur Hälfte über dem Horizont aufgetaucht, und sein Licht glänzt an den Wolken und im Wasser auf. Die ungewöhnlich schlanken hohen Bäume, die Gebäude mit dem spitzen Türmchen lassen sehr an Jochem Camphuysen denken. Sonst wirkt das Bild besonders flämisch, und früher wurde es auch fälschlich dem Joos van Craasbeek zugeschrieben.

Aber der Lichtkreis, vom Baumwerk umschlossen, und die Raumgasse sind vorzüglich dargestellt, das ist die Hand van der Neers. Manches wirkt altertümlich, vielleicht ist es das früheste aus dieser Gruppe. Der Gesamteindruck bleibt dunkel, die Farben sind Rotbraun, Schieferblau und wenig Goldocker. Wir wissen, daß es vor 1656 in der Sammlung des Erzherzogs Leopold Wilhelm war[1].

Eine letzte Steigerung der Qualität erfuhr diese Bildgruppe um die Wende des Jahrzehntes durch einige mittelgroße Gemälde. Sie zeichnen sich durch hohe Prägnanz aus. Die noch immer sehr dunklen Bildteile sind durch mehrfach übereinanderliegende Lasuren durchscheinend geblieben, die Zeichnung ist durch die kostbar aufglänzenden Lichtkonturen aufs äußerste verfeinert, und die wechselnden Helldunkelakzente von Wolkenhimmel und Wasserspiegel neben den großen

67

87) Farbabbildung in R. Baumstark, Meisterwerke der Slg. Liechtenstein, München 1980 S. 219

prächtigen Bäumen, dem Hort der Dunkelheit, bringen ein verhaltenes Pathos auf. Die Lichtperspektive führt in die strahlende Helle im Hintergrund und schafft die Wahrheit in der Raumwirkung, die mit der ergreifenden Stimmung uns den hohen Rang der Gemälde empfinden läßt.

Auf der

Abb. 65   „MONDSCHEINLANDSCHAFT MIT ZWEI HERREN UND EINEM KNABEN”
(HdG 185, H., 46 x 70 cm) in Dresden (Gemäldegalerie)

bleibt die Staffage – das, was das Bild freundlich erzählen will – im Dunkel der nächtlichen Bäume, wo noch einige Lichtsäume an den Baumstämmen aufglänzen und weiter zurück ein Gasthaus mit erleuchteten Fenstern einlädt. Die fallende Diagonale gleitet zur anderen Bildhälfte hinüber. Dort entwickelt sich in aller Abgeschiedenheit eine symmetrische Mondscheinlandschaft, die weit in die Ferne führt, wo sich Wasser und Himmel begegnen.

Hier eine Anmerkung zur Kostümdatierung: Das Wams dès Knaben ist mittelmäßig lang im Schoß, so daß der Bauch deutlich voraussteht, beinahe „innocent”, wie man im Holländischen dazu sagt; und das ist kurz vor 1650 Mode gewesen.

In einigem ähnlich ist die

„WEIDELANDSCHAFT IM MONDSCHEIN”
(HdG 271, L., 66,5 x 78,5 cm) ehem. in Leningrad (Eremitage)

Das Bild ist so lichtstark nicht, wenn wir der Abbildung trauen dürfen, hat aber Vorzüge, die G. F. Waagen im Katalog erwähnt. Er schreibt: „In jedem Betracht, Composition, Poesie des Gefühls, Wärme und Klarheit der Beleuchtung, Freiheit der Behandlung, eines der besten Werke des Meisters.”

Abb. 66   „NACHTLANDSCHAFT MIT DEM BRÜCKENBOGEN”
(bei HdG „Mondscheinlandschaft mit einem weit sich hinziehenden Fluß, Häusern und Bäumen”)
(HdG 347. H., 79 x 110 cm) in Düsseldorf (Gemäldegalerie)

68   Das vorzügliche Gemälde bleibt im ganzen sehr dunkel, eine wirkliche Nacht,

Abb. 73   Flußlandschaft im Mondschein

Abb. 75   Flußlandschaft bei Morgendämmerung

Abb. 77   Feuersbrunst bei Nacht an einem Kanal

Abb. 82 Mondscheinlandschaft mit Fischerbooten

die Häuser und Bäume und Wolken umschließt. Nur am Wolkenfenster, durch das der Vollmond blickt, und im Wasser unter dem Brückenbogen leuchtet es hell auf.

Einige wenige Farben sind in die breite Dunkelheit eingebettet, viel Ocker mit rötlichen Reflexen und Blauviolett und Manganrot am Himmel – ein Werk von hervorragender Qualtät.

Zuletzt als Höhepunkte betrachten wir die

„FLUSSLANDSCHAFT BEI SONNENAUFGANG"   Abb. 67
(HdG 47, L., 79,5 x 64,5 cm) in London (National Gallery)

mit einem aufquellenden Gewölk und die ernste und vornehme

„SUMPFIGE WALDLANDSCHAFT BEI MONDSCHEIN"   Abb. 68
(HdG 311, H., 60 x 49,5 cm) in Rotterdam (Museum Boymans-van Beuningen)

Es sind beides dunkle, doch lichtstarke Nächte von ausgewogener Komposition, deren mächtige Bäume in ihrer fülligen Schönheit flämisch anmuten, und das tut auch der Baumstumpf auf dem Waldbild. Die Gemälde teilen sich in gleichgroße helle und dunkle einander umgreifende Winkel; ihr Verhältnis von Höhe und Breite ist gleichermaßen 5 zu 4. Wir dürfen anmerken, daß die Kostüme auf dem Londoner Bild auf die Entstehungszeit um die Jahrhundertmitte hinweisen.

Damit nehmen wir Abschied von den 40er Jahren mit ihrer unterhaltsamen Vielfalt.

74

III

DIE FÜNFZIGER JAHRE

Der dritte Teil unserer Darstellung beginnt mit der zweiten Jahrhunderthälfte.

Das Jahr 1650 war in der Geschichte der holländischen Malerei bedeutungsvoll; das zeigt sich auch im Wirken des van der Neer.

In den 40er Jahren konnten wir einen häufigen Wechsel in der Bildanlage feststellen; mit Beginn der 50er war diese Entwicklung zunächst abgeschlossen. Von da an finden wir eine große Zahl von Landschaften in einer grundsätzlich ähnlichen Form.

Das war ein kunstvoller Organismus, in dem sich alte und neue Kunstmittel zur gemeinsamen Wirkung zusammenfügen. Dieser von ihm erfundene Typus war eine seiner schöpferischen Leistungen, und viel war, wie sich zeigen wird, von ihr abhängig.

Von der Jahrhundertmitte ab fehlen die Jahreszahlen auf den Bildern. Die 40er Jahre hatten zur Datierung herausgefordert, die 50er verweigern sich ihr[88]. Wir müssen uns mit der relativen Datierung zufriedengeben, die uns ein Vorher oder Nachher unterscheiden läßt; doch oft glauben wir zu erkennen, was in den frühen oder späten Jahren eines Jahrzehnts entstanden ist.

Die Jahreszahlen waren belangreich für die Beurteilung des Künstlers, an ihnen konnten wir unsere fortschreitende Erkenntnis ablesen. Nun muß die Reihenfolge der vorgestellten Gemälde ungenauer und unverbindlicher werden. Wir ordnen sie nach den seltenen und unsicheren Zeitangaben aus der Kostümdatierung und der Stilkritik und nach inneren Zusammenhängen. Es geht zuerst darum, das Werk durch Abbildungen und Beschreibungen zu erschließen und Zusammenhänge sichtbar zu machen; aber es ist immer hilfreich, wenn man ein Gemälde in seiner zeitlichen Nachbarschaft betrachten und vergleichen kann!

Die Schwierigkeiten mit der Datierung bei van der Neer sind oft genug beklagt worden. Ohne auch nur ungefähre zeitliche Einordnung besteht die Gefahr, daß

---

[88] HdG hat sechs angeblich nach 1650 datierte Gemälde aufgezählt. Die Angaben haben sich inzwischen als falsch erwiesen oder sind als unwahrscheinlich erkannt worden.

Von HdG 32 (Abb. 14) wurde schon gesprochen, die Zahl muß 1642 heißen. Zu HdG 575: Die Zahl 1662 war später eingemalt worden; sie ist bei der Reinigung im Jahr 1969 weggegangen.

Die Bilder HdG 567, 527, 538 und 219 sind seit langer Zeit nicht mehr aufgetaucht; Verwahrorte sind unbekannt, die Daten unwahrscheinlich.

manches möglicherweise außerhalb einer kunstgeschichtlichen Betrachtung bleibt aus der Unsicherheit, wann es einzufügen wäre, vor- oder nachher, früher oder später, und daß sogar das Interesse an van der Neers Werk leidet, weil manches unverständlich bleibt. Durch Zeitangaben kann die Bedeutung des Werkes besser erkannt werden.

Es ist noch viel in dieser Sache zu tun, und Ergänzungen und Berichtigungen müssen folgen.

KOMPOSITION

In der Zeit nach 1650 ändert sich das Verhältnis der großen Themen zueinander:

Die Winterbilder und die Abendbilder und Nachtlandschaften kommen sich in der gemeinsamen Komposition näher. Das macht schon der allgemein größere Abstand, in dem jetzt die Landschaft betrachtet wird; die Bäume, die Schiffe, die Mühlen – alles wird kleiner und rückt weiter zurück an den Bildrand. Es wird dem breiten Licht untergeordnet, das das Mittelfeld beherrscht. Die Nachtlandschaften gewinnen von der Farbigkeit der Abendbilder. Die „Eisvergnügen" lassen mit ihrer großen farbigen Staffage günstige Kostümdatierungen zu; und manchmal kann man eine Brücke zu ähnlichen Nachtlandschaften schlagen, was Stil und Entstehungszeit anbetrifft. Aber in bezug auf Licht und Farbe gehen sie meistens ihren eigenen Weg.

So wichtig das Jahr 1650 in vieler Beziehung auch gewesen ist, es ist nicht der Anfang der großen Zeit des van der Neer; das war um 1645, als die Raumdarstellung mit der Lichtperspektive gelang und als seine Landschaften durch Lichtwahrheit überzeugten.

Um die Bildwirklichkeit mit der Beschreibung darzustellen, müssen wir das unteilbare Ganze des Kunstwerkes vorübergehend in Komposition, Licht und Farbe auflösen. Dabei wird die Komposition mit Hilfe der schwarz-weißen Abbildungen noch am ehesten faßbar.

Die Komposition des holländischen Landschaftsbildes wird zuerst von einem sehr hohen Wolkenhimmel über einem flachen Erdbereich bestimmt. Die neue Aufteilung, die in dem Lande mit den weiten Küsten entstand, war bald allgemein und selbstverständlich; und so auch bei van der Neer zu gegebener Zeit, d. h. verhältnismäßig spät.

Im einzelnen aber folgen die schönen holländischen Landschaftsbilder, die uns wie natürliche Ausschnitte aus der beobachteten Umgebung vorkommen und unmittelbar ansprechen, einer strengen Ordnung, und die entsprechenden Erwägungen waren schon bei der Bildentstehung beteiligt.

Gerade im Werke des van der Neer hat die Komposition eine führende Rolle gespielt; er hat sich verhältnismäßig zeitig und ernsthaft mit ihr beschäftigt, und sie ist die Grundlage für wichtige Neuerungen geworden.

In den 50er Jahren war jene Bildanlage schon erprobt, die seiner Vorstellung entsprach und die für ihn eigentümlich geworden ist. Ihre Anfänge reichen weit in die 40er Jahre zurück; hier soll sie von diesen Anfängen an in Zusammenhang beleuchtet werden.

Die von van der Neer bevorzugte Komposition geht auf den flämischen Typus der Flußlandschaft zurück. (Dem Lauf eines Flusses entlangzusehen war ein beliebtes Motiv in der niederländischen Malerei.) Man hat die altertümliche Anlage (nicht gerade glücklich) auch „Dreieckskomposition" genannt, wobei die in die Tiefe laufenden Ufer die Schenkel, die Vordergrundverspannung vor dem Standort des Betrachters die Grundlinie eines Dreiecks bilden[89]. Die symmetrische Kanallandschaft hatte sich längst überlebt; nur auf „Prospekten", auf denen man das topographische oder das geometrische Interesse wichtiger nahm als die künstlerische Darstellung, war sie noch immer gebräuchlich.

Aber van der Neer konnte auf Vorbilder zurückgreifen, die die harte Konstruktion schon aufgelockert hatten. Das waren die Winterbilder des H. Averkamp, des A. van de Venne, des J. C. Droogsloot und des A. Verstralen, und mehr noch die Tag- und Nachtlandschaften des Joachim Camphuysen[90] und andere, wie die „Fähre" des Es. van de Velde von 1622.

Diese überalterten Bilder jener ausnahmslos älteren Meister zeigen eine Verbindung zu einigen vor der Mitte der 40er Jahre entstandenen Landschaften des van der Neer. Da beginnen die beiden Ufer schon vorn an der Schwelle des Mittelgrundes und streben geradlinig zu dem Treffpunkt am Horizont, so daß ein Dreieck zwischen den Ufern erkennbar wird. Wir nennen folgende Werke des van der Neer in diesem Zusammenhang:

Die Zeichnung FB. I (Abb. 31); die Landschaft im Museum Bredius (Abb. 29); die Feuersbrunst an einer Gracht (Abb. 30); die Abendlandschaft mit zwei Anglern (Abb. 28) (Tabula perspectivissima) und die Nachtlandschaft in Frankfurt (Abb. 32).

---

[89] Vgl. Rolf Große, Die holländische Landschaftskunst. Leipzig 1925.
[90] Vgl. Oud Holland 1970 S. 243

Danach hatte sich Grundsätzliches unter dem Haarlemer Vorzeichen geändert; und mit der Lichtperspektive waren Licht und Luft in die liebenswürdigen Dorfszenen eingezogen. Die überzeugende Wahrheit lebte schon in jenen Bildern.

Vielleicht war es die Komposition mit dem ovalen Mittelgrund, die zur Milderung der überforderten Linearperspektive beigetragen hat: Die Ufer erscheinen dann gekrümmt, und der Vordergrund ist mit dem Mittelgrund verbunden.

Bei der „Landschaft mit einem Jäger" (Abb. 34) und der sich anschließenden Bildgruppe verläuft nur noch eines der beiden Ufer gerade, das andere aber gebogen; und bald genügen auch schon kurze richtungweisende Teilstrecken, um unauffällig die beabsichtigte perspektivische Wirkung hervorzubringen. Dann verblassen in den 50er Jahren alle Erinnerungen an die Raumgasse. An ihre Stelle ist eine weite Flußaue getreten. Während das Gegenständliche der Dorflandschaft alle noch vorhandenen Härten der Komposition überspielt, beginnen die perspektivischen Schrägen – meist ungleich groß – erst nahe am Hintergrund. Dort laufen sie von beiden Seiten kommend in einem sehr großen Winkel oder sogar in einem flachen Bogen aufeinander zu und treffen sich auf dem Horizont.

Das war die große Form der Van-der-Neer-Komposition.

Der Künstler hatte einer veralteten Bildanlage einen neuen, überzeugenden Bildinhalt gegeben und die Beziehung zwischen Bild und Betrachter intensiviert. Die Landschaften dieser Art haben seinen Ruhm ausgemacht. In seinen letzten Jahren aber verfiel die eigenartige Komposition unter dem Einflusse modischer Ansprüche.

Aus der Eigenart der Komposition ergeben sich merkwürdige Konsequenzen. Der Standort des Betrachters wurde ungefähr in der Mitte des Vordergrundes angenommen, und dabei wird das vorn querliegende Ufer (das dritte Ufer) manchmal zur schwachen Stelle der Komposition. Das plötzliche Abbiegen des Flußwassers nach einer oder nach beiden Seiten ist störend, weil der natürliche Verlauf des Geländes beeinträchtigt wird. Der Fluß erreicht dann an keiner Stelle den vorderen Bildrand. Dort liegt, mit dem Mittelgrund unverbunden, ein dunkler Uferstreifen, der die Flußrichtung rechtwinklig abblockt. A. van der Neer hielt zunächst das so entstandene Repoussoir als Basis für die Bildarchitektur und für die Illusion der Raumtiefe für wesentlich; es entspricht der Dunkelzone im Vordergrund der Landschaften allgemein.

In vielen Fällen wird der Vordergrund durch einen Zaun oder einen Graben vom Mittelgrund abgetrennt, z. B. auf den großartigen Nachtstücken in Leipzig und Berlin (Abb. 95 und 94) und auf den Abendlandschaften in London und in der Eremitage (Abb. 35 und 54); das sind Überbleibsel der Einteilung in Raumzonen.

Dann gibt es Landschaften, auf denen sich die Raumgasse, die durch die perspektivische Täuschung nach hinten immer enger zu werden scheint, sich nach vorn auch tatsächlich verbreitert, weil sich der Wasserlauf, der auf uns zukommt, in zwei Arme teilt. So vergrößert der offene Winkel den Eindruck der Verkürzung auf der Kanallandschaft im Museum Bredius (Abb. 29) und auf dem Frankfurter Nachtstück (Abb. 32). Das ist die Drei-Ufer-Anlage mit dem vorn sich teilenden Fluß.

Auf dem symmetrischen Landschaftsbild wird die Bildmitte betont, besonders wenn sie sich auf die zusammenstrebenden Ufer der Flußlandschaft stützt[91]. Oft steht ein besonderes „Merkmal" mitten im Vordergrund, ein niedriger Pfahl oder ein toter Baum, und in der Ferne deutet ein Kirchturm die Mitte an. Die Symmetrie verbreitet den Eindruck der Ruhe und Feierlichkeit, was besonders in den Mondnächten zur Stimmung beiträgt.

(In späterer Zeit büßen Symmetrie und Perspektive an Bedeutung ein. Es gibt übrigens auch Landschaften, die der Van-der-Neer-Komposition nicht folgen – nicht nur in der Zeit vor ihrer Entstehung, sondern in jedem Jahrzehnt danach und besonders in den ganz späten Jahren.)

Sicher hatte van der Neer ein tiefgründiges Verhältnis zur Geometrie. Das ist nicht ungewöhnlich, die holländischen Landschaften sind meist streng komponiert, d. h. ihr Aufbau wurde sorgfältig mit Rücksicht auf eine architektonische Ordnung geplant.

Die Van-der-Neer-Komposition der 40er Jahre ist schon als extrem zentralperspektivische Formulierung eine Sache der Geometrie. Auch später weisen Teilungspunkte und Konstruktionslinien – gerade und krumme – die geometrische Bildlogik auf, besonders bei den Nachtstücken, bei denen die fallende Kurve, die den Himmel von den sich verjüngenden Ufern abgrenzt, und die steigende Kurve über der erleuchteten Wasserfläche eine Hyperbel mit flacher Wölbung bilden. (Vgl. das Diagramm zu Abb. 82 und 63).

Es geht dabei um die ganz einfachen Teilungswerte, um Halbierung und Drittelung. Hauptsächlich sind es die uralten Zeichen, Maße und Formen, also die zweiseitige Symmetrie, das Dreieck, der Kreis und das Oval (d. i. der verkürzte Kreis), die wie zufällig zur Grundlage der Komposition geworden sind. Ein Beispiel geometrischen Aufbaus gibt das Mühlenbild in der Eremitage (Abb. 54). Ein Bogen, der links bei dem liegenden Stock beginnt, hebt sich über die Häuser des Weilers und sinkt wieder zum Fuße der Mühle symmetrisch ab. Der Horizont liegt auf dem ersten Bilddrittel, die Mühlenflügel reichen bis zum zweiten in die Höhe, der Weiler

---

[91] Freilich dürfen die geometrischen Begriffe (Symmetrie, Diagonale usw.) in der Bildbeschreibung nicht haargenau genommen werden. Symmetrie ist ein idealer Anspruch; der Standort des Betrachters wird auch in der symmetrischen Anlage absichtlich leicht aus der Mittelachse gerückt, so daß die beiden Ufer ungleich erscheinen. Dadurch entstehen immer neue abwechslungsreiche Ansichten.

selbst nimmt das mittlere Drittel der Bildbreite ein. Die Drittel erfassen von rechts nach links den Vordergrund, den Mittelgrund und den Hintergrund mit dem Fernblick (vgl. das Diagramm Seite 81).

Die Forderung nach Gleichgewicht erstreckt sich auch auf die Gegenstücke (pendants), und daran lassen sich die echten Bildpaare erkennen. Sie gehören in Form und Inhalt zusammen, d. h. sie ergänzen oder widersprechen sich, sie erklären sich jedenfalls gegenseitig; und sie sind manchmal im Aufbau wie Spiegelbilder einander ähnlich, also seitenverkehrt. Der Tagesablauf und der Kreislauf der Natur sind ihrem Wesen nach zyklisch. Die Hauptthemen des van der Neer – Nacht- und Winterlandschaften – sind exemplarische Gegenstücke.

(Wir verweisen auf die Landschaften Abb. 75 und 76 in den Haag, dann auf Abb. 20 und 21[92] und auf Abb. 6 und 7 in Toledo/USA.) Unechte Gegenstücke, d. h. solche, die man der gleichen Größe wegen dazu hat machen wollen, sind die Bilder HdG 185 und 186 in Dresden. Sie gehören weder der Form noch des Inhalts wegen zueinander.

Die Komposition hat also bei van der Neer schon zeitig eine ungewöhnlich große Rolle gespielt; das Interesse entsprang einem echten Bedürfnis und stand unter dem Einfluß spätmanieristischer Vorbilder; der Landschaftsraum wurde zuerst zur Tiefe hin entwickelt, erst später wird er offen und weit.

Wenn in der Jahrhundertmitte allgemein auch in der holländischen Landschaftsmalerei ein Erstarken der kompositionellen Tendenzen wahrgenommen werden kann, was wohl den Italianten zu danken war, dann haben diese Tendenzen bei van der Neer nur in geringem Maße einwirken können; er hat sich schon zeitig um eine seinen Plänen angemessene Komposition bemüht, die auch Sicherheit und Klarheit bot, wie aus den zahlreichen Analysen der Bilder aus den 40er Jahren erkannt wird. Wir sind überzeugt, daß er dabei selbständig vorgegangen ist; es war in hohem Maße seine eigene Angelegenheit.

[92] Abb. in FB. Camphuysen S. 24 und 25

zu Abb. 54

zu Abb. 63

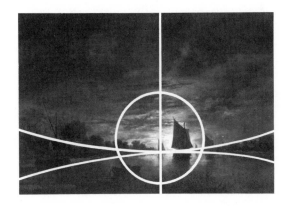

zu Abb. 82

81

NACHT

Die Nachtmalerei wurde im 17. Jahrhundert von allgemeinem Interesse getragen. Auch in der Dichtung und Epigrammatik hat man sich eingehend mit der Nacht beschäftigt. Nur weil wir mehrere Zusammenhänge mit dem Manierismus gefunden haben, weisen wir hier darauf hin, daß sie zunächst als Thema aus dem Manierismus kam; aber dieses Erbe war bescheiden.

Nachdem damals in Holland alles Sichtbare gemalt worden war, konnte den Malern die Erscheinung der Dinge in der Finsternis nicht verborgen bleiben. Die Kunstsammler und die Künstler verlangten nach einer realistischen Darstellung der Nacht, sie hatte Neuigkeitswert, sie kam dem herrschenden Geschmack der Zeit entgegen. Es ist erstaunlich, wie viele Maler wenigstens einmal eine Nachtlandschaft geschaffen haben, die ganz großen nicht ausgenommen. Dabei greift die Nachtmalerei an die äußerste Grenze der optischen Möglichkeiten; fehlt doch gerade viel von dem Unentbehrlichen des Sehvorganges, vom Licht! Aber man verstand, die Dunkelheit in Grenzen zu halten; man konnte ihr mehr oder weniger Licht zugestehen und ihre Vorzüge dabei ins rechte Licht rücken.

Vorausgegangen waren die Brüder Rafael und Joachim Camphuysen. Von Rafael sind schon 1627 profane Nachtlandschaften bezeugt, und man hielt ihn damals für den Spezialisten in diesem Fach[93]. Von diesen beiden ist van der Neer angeregt worden, was Roeland van Eynden schon 1816 ausgesprochen hat.

Die Nachtlandschaft des van der Neer ist ein kompliziertes und empfindliches Gebilde, in dem vielerlei Kunstmittel aufgeboten werden, die alle voneinander abhängig sind. Vielfache Zusammenhänge verbinden Nacht und Licht, Licht und Raum, Licht und Farbe. Sie bedingen sich gegenseitig, keines darf sich vordrängen oder versagen[94], ohne das Ganze zu gefährden; und nur die künstlerische und technische Begabung van der Neers hat diesen Typus in dieser letzten Ausformung darstellen können. Hier erkennen wir den Höhepunkt seiner Kunst. Die Nachtstücke blieben ohne weitere Steigerung und ohne Nachfolge.

Die gewaltigen Impulse, die von Elsheimer und von Rembrandt auf die holländische Malerei ausgegangen sind, haben sich auf die Helldunkelmalerei allgemein ausgewirkt. Aber Rembrandts Helldunkel unterscheidet sich von dem des van der

[93] Vgl. FB. Camphuysen S. 34 ff. und Oud Holland 1970 S. 243; da auch über die Herkunft der Nachtmalerei in Holland.

[94] Das gilt besonders von der Farbe, worüber noch zu reden sein wird.

[95] Einfarbigkeit ist nicht unbedingt Voraussetzung für die Tonmalerei; hier wird sie auf zwei großen Flächen in verschiedener Farbe angewendet.

Neer; in van der Neers Landschaften ist es „realistisch" im Sinne des 17. Jahrhunderts (das heißt realistischer als vorher).

Die nächtliche Beleuchtung, das Vollmondlicht, bot im Zusammenhang mit der Tonmalerei ganz neue, bisher nicht erprobte Gestaltungsmöglichkeiten. Von den Malern der einfarbigen Landschaft entwickelt, hatte sie in den 30er Jahren ihren Höhepunkt erreicht; aber sie war mit dem Thema so natürlich verbunden, daß sich van der Neer ihrer weiterhin bediente[95]. Durch die beschränkte Farbenzahl eignet sie sich für die nächtlichen Lichtverhältnisse besonders, und sie begünstigt die erstrebte Raumillusion. Die nach hinten immer blasser werdenden Schattenflecke sind leichter abtastbar als beleuchtete Gegenstände; sie geben mit ihren allmählichen Abstufungen eine differenzierte Tiefengliederung, so daß sich der Raum bis in die Ferne vor unseren Augen langsam entwickelt und die Entfernung am Lichte abgelesen werden kann. A. van der Neer hat diese Lichtabstufungen beobachtet und mit Genauigkeit und Sorgfalt wiedergegeben. Er kennt seine Stunde, wenn die weichen Schatten heranschweben und die Schwankungen des Lichts das allmähliche Dunkelwerden andeuten. Das war der ideale Schauplatz für die Effekte der Helldunkelmalerei.

Die Dunkelheit ist der Lichtperspektive günstig; so wie sich Erde und Wolkenhimmel vereinigen, wird die Illusion der Atmosphäre in bisher nicht erkanntem Ausmaß möglich.

Es ist verständlich, daß sich neben der Farbe auch die Staffage hier bescheiden mußte, sie durfte die Stille der Nacht nicht stören. Die Bedeutung der Staffage besteht schließlich noch darin, daß sie zur Stimmung beiträgt, denn die nächtliche Natur wird freundlicher durch die Anwesenheit von Mensch und Tier; wir erkennen unsere bewohnte Welt wieder, während die reine Landschaft, die ganz menschenleere, schwerer zugänglich bleibt.

Die Staffage auf den Mondscheinlandschaften und hauptsächlich auf den Winterbildern wurde zunächst zur Unterstützung der Raumwirkung eingesetzt. Auf den Nachtstücken des van der Neer betrachten die Menschen den Mond nicht, sie gehen gemächlich ihrer Arbeit nach (Abb. 94 und 63) und bleiben anscheinend von der Poesie unberührt, die wir an diesen Bildern als Elsheimers freundliches Erbe schätzen[96]. Der Künstler hat die eigenartige Schönheit der Nacht im Mondlicht mit den wandernden Wolken und ziehenden Schatten und der Stille empfunden, aber der Stimmungsgehalt, so wie er sich bei uns einstellt, und die Sehnsucht, die die Romantik geweckt hat, konnten es nicht sein. Es ist schwer zu beurteilen, wie sehr er als Künstler und als Mensch innerlich dabei war; es war eine andere Zeit, der didaktische und fromme Gedanken näher lagen[97].

---

96) Zuerst war es Heinrich Wilhelm Tischbein, der „Goethe-Tischbein", der in seinen Jugenderinnerungen auf die Poesie der Nachtlandschaften des van der Neer hingewiesen hat.
Vgl. FB. Landschaften S. 72

97) In letzter Zeit hat man begonnen, sogar die holländischen Landschaften mit ihren unentbehrlichen Motiven - wenn nur irgend möglich - als memento mori zu verstehen, weil man das im 17. Jh. zuweilen so gehalten hatte. Es gibt tatsächlich Einzelheiten in den Landschaften - den Saturnbaum, den Baumstumpf

Wo sich die weiten dunklen leeren Räume im Bilde erschließen, stellt sich die religiöse Andacht ein. Das Dunkle hat eine Verbindung zum Transzendentalen; wir finden in van der Neers Nachtstücken alle Elemente des Numinosen. Im Dämmer des Mondlichts werden Baum und Strauch zu Geschwistern, das Leblose, die Pflanzenwelt, Tier und Mensch fühlen sich vereinigt in der nächtlichen Natur: Überall spüren wir den Zusammenhang in der Stille des dunklen Raumes. Durch seine Kunst war van der Neer dem pantheistischen Weltgefühl verbunden; in seinem Werk spricht sich eine ans Religiöse reichende Naturverehrung aus.

WOLKEN IN DER NACHT

Im Nachtstück wölbt sich der Himmel hoch über dem Horizont; und der nächtliche hohe Lichtraum über der Erde ist eine Voraussetzung für die Kontinuität der Landschaft. Dazu trägt auch der Farbzusammenhang bei, wenn durch die gemeinsame Brechung der Haupttöne Himmel und Erde verbunden werden und Wasserspiegel und Lehnfarben einen Austausch von Licht und Farbe ermöglichen.

Überhaupt erlaubt die Wolkenmalerei (das „absolut Malerische") dem Künstler eine Freiheit in der Komposition, in der Helldunkelregulierung und in der Farbe, wie sonst nichts in der Welt des realistisch Darstellbaren. Was wäre auch mehr bereit, Licht, Farbe und Gestalt zu wechseln, als der Wolkenhimmel, ist er doch nichts als Wasserdunst. Welche Chancen für den Künstler!

So dienen die Wolken zur Abmessung der Lichtstärke in ihrem und im Erdbereich; sie können dicht oder aufgelockert sein. Aus seiner Vorstellung und mit seiner begnadeten Hand schafft der Künstler die „Lichtwahrheit", von der alles im Bilde abhängt, wo es ums Licht geht. Und alle diese Bilder wurden im 17. Jahrhundert in der Werkstatt geschaffen!

Aber hauptsächlich bietet der Wolkenhimmel der Komposition ein weites Feld; und wie er sich in der Natur über der starren Erdenlandschaft ewig wandelt, wird er für die Gesamtkomposition unschätzbar wichtig. Kein Nachthimmel gleicht dem anderen. Oft werden Wolken der zentralperspektivischen Anlage eingefügt, so daß sie zum Fluchtpunkt hinführen, oft sind sie in mehreren Schichten (in verschiedener Entfernung) hintereinander angeordnet; sie bilden Wolkenhöhlen und tragen noch einmal zur Raumerschließung bei. Der Himmel ist zum Schauplatz geworden, die Komposition wird nach genauer Beobachtung mit der Wirklichkeit in Einklang gebracht. Die wechselnde Wolkenbildung hat van der Neer wie keiner zuvor mit

u. a. m. – die eine solche Deutung zulassen, und auch der Tagesabschied, das Nachtstück und der Winterschlaf der Natur wären dazu geeignet, aber wir schätzen die Landschaften ohne Hintergedanken zuerst als vorzügliche Malerei und als Bilder von großer Schönheit und Poesie (vgl. Oud Holland 1975 S. 221).

Verständnis für die meteorologischen Verhältnisse wiedergegeben; Vielfalt und Anordnung zeigen die Intuition des Künstlers – hier war die Malerei der Wissenschaft voraus; es gab noch keine himmelskundliche Terminologie, und es dauerte noch 150 Jahre, bis Luke Houward kam, der „Mann, der Wolken unterschied", wie Goethe von ihm gesagt hat[98].

Durch starke Lichteffekte am Himmel wird die Darstellung dramatisiert. Da kann man an Jan van Goyen denken, an seine hohen Wolkenhimmel mit sturmgepeitschten Wellen und Booten darunter. Bei van der Neer wird ein nicht ganz seltenes Pathos durch die barocken Ballungen an den dunklen Himmeln oder durch die Wolkenbaumen, die sich aufbäumenden Wolken, erreicht.

Außerdem sind seine Nachthimmel schön. Sein malerischer Genius hat die herrlichsten Wolkenbilder gestaltet; und es hat der Nachthimmel mit Gegenlicht sein müssen, der ihn die schönsten Wolkenbilder erfinden ließ. Die Nachbarschaft des Mondes bringt die Ränder um den dunklen Kern der Wolke zum Aufglänzen – wie man sie dann bei A. Cuyp findet –, läßt bei abgeschirmtem Licht Wolken im Halbdunkel schweben oder schafft Lichtwolken oder Farbwolken mit Fremdfarben am Wolkenfenster.

Wenn wir uns fragen, woher die Wolkenhimmel des van der Neer wohl kommen, dann wollen wir hervorheben, daß er sie selbst beobachtet und aus der Erfahrung ihre Komposition entwickelt hat. Vor ihm ist es Hercules Seghers gewesen, der ähnliche Wirkungen erreicht hat, und Jan van Goyen, wenn auch dem mondbeschienenen Wolkenhimmel als Lichterscheinung noch eine andere Bedeutung zukommt als dem Himmel bei Tag.

LICHT

Das Licht ist die Mitte im Werke des van der Neer.

Im großen gesehen ging es in den 40er Jahren um die Raumerschließung, in den 50ern ging es ums Licht. Das Licht hatte in der holländischen Malerei des 17. Jahrhunderts eine ungeahnte Bedeutung erlangt, als man es nicht mehr nur als selbstverständliche Beleuchtung nahm, sondern es selbst in seinen wechselnden Erscheinungen und Wirkungen beobachtete.

A. van der Neer hat das Licht selbst, seine Quelle, seine Ursache gemalt. Er hat es

---

[98] Die Meteorologen des Deutschen Wetterdienstes (Wetteramt Trier) versichern, daß die Wolkenhimmel auf Abb. 60 und 74 (die als Beispiele vorgelegt wurden) naturgetreu wiedergegeben sind. Es handelt sich überwiegend um Quellwolken (Cumulus congestus, Cumulonimbus), wie sie bei Schauer- oder Gewitterlagen häufig in Erscheinung treten.

am Mittag, am Abend und in der Nacht, zu den verschiedenen Jahreszeiten und mit seinen Eigenschaften und Wirkungsweisen (Brechung, Widerschein, Farbe) beobachtet und das Medium zum Gegenstand der Darstellung gemacht. Er hat es in seiner Kraft und in seiner Schwäche, in seiner Schönheit und in seinem Triumph im Landschaftsbilde festgehalten.

Indem das Augenmerk auf das Spiel des Lichtes gerichtet wurde, mußte das Gegenständliche der Erdenlandschaft an Bedeutung einbüßen; die Erde war nur noch der Träger der Lichterscheinung. Die liebenswürdige holländische Szene blieb untergeordnet und ohne farbige Vielfalt, ohne Pathos, als das Gegeneinander von Hell und Dunkel das Bildgeschehen bestimmte und die große Fläche des Himmels zum eigentlichen Schauplatz wurde. Aber auch da fühlte sich van der Neer der Wirklichkeit und der Wahrheit verpflichtet.

Bei der Betrachtung der Lichtquelle wird das Licht zum Gegenlicht. Dessen Darstellung wird mit der Van-der-Neer-Komposition in einen unmittelbaren Zusammenhang gebracht, indem die Lichtführung des Gegenlichts der zentralperspektivisch angelegten Raumgasse so eingefügt wird, daß sich Lichtquelle und Fluchtpunkt in der Mitte des Hintergrundes ungefähr beieinander befinden. Es ergibt sich dadurch die Illusion, die unsichtbaren Lichtstrahlen glitten den Fluchtlinien entlang auf uns zu, und der nach hinten fliehende Raum begegne sich mit dem nach vorn drängenden Licht. So wird der ganze Bildraum zu einem Gefäß des Lichtes.

Wenn der tiefstehende Mond oder die Abendsonne aus dem Bilde herausscheinen, liegt die ganze Landschaft im Gegenlicht; alle Gegenstände sehen wir nur von ihrer Schattenseite, dunkel auf hell. Die Schattenkörper bleiben selbst flach, unplastisch, weil das modellierende Seitenlicht fehlt; sie schaffen einen Raum aus Licht und halbdunklen Flecken; und dabei entstehen eigenartige seltene Stimmungsreize. „Im Schattenwert enthüllen und vergeistigen sich die Formen zugleich. Sie treten in eine höhere Stufe ein, die der Unzerstörbarkeit, die ihrer Linienführung innewohnt. Die Dinge wirken stoffloser und mächtiger zugleich" (nach Ernst Jünger).

Von besonderer Schönheit sind die Lichtsäume, die das Gegenlicht an den Wolken und an den Gegenständen im Vordergrund aufleuchten läßt, am Baumstumpf oder an den Ästen des toten Baumes und an jedem schlichten Pfahl (Abb. 63). Die Silhouetten werden aus dem allgemeinen Halbdunkel durch zarte, im Mondlicht zitternde Linien kontrastreich herausgehoben.

Wir erkennen das nächtliche Gegenlicht als eine Besonderheit des van der Neer; er hat es in das holländische Landschaftsbild eingebracht und in seiner Eigenart entwickelt[99].

---

[99] Vorausgegangen waren die Brüder Camphuysen. (Übrigens hat nun auch die moderne Photographie den Reiz des Gegenlichtes in der Landschaft entdeckt.)

Zum Licht in den Landschaftsbildern des van der Neer gehört noch eine Erscheinung, die ebenso wie das Nachtlicht und das Gegenlicht eine seiner Besonderheiten ist; das ist das Licht aus dem Wasserspiegel.

Der aufgehende Mond erleuchtet die Bildmitte im großen Halbkreis; und im Wasser darunter glänzt der Widerschein auf, die andere Hälfte eines Kreises bildend, so daß der Horizont, der den Himmel von der dunkleren Erde trennt, vom Lichte aufgebrochen wird. Es entsteht eine Lichthöhle, wie sie Fromentin beschrieben hat. Wie der Bildteil unter dem Horizont kraftvoll vom Licht durchdrungen wird, findet ein Lichtausgleich zwischen oben und unten statt. Die verklärte Mitte ist von großer Schönheit, wenn das von der Dunkelheit eingeengte Licht mächtig aufleuchtet.

Eben dieser große Glanz im Wasser der offenen Bildmitte, der sich manchmal zu einem Oval formt, gehört zu den wesentlichen Bestandteilen der Van-der-Neer-Komposition.

Er kommt aus der älteren Wintermalerei. Bei H. Avercamp und A. Verstralen und anderen wird die ovale schneeweiße Eisfläche in der Ferne hell und heller und deutet schon die Wirkung an, die van der Neer mit dem Widerschein im Wasser steigern konnte. Auch seine Winterbilder folgen schon zeitiger diesen Vorbildern.

Später sind es die Seestücke, angefangen von Jan van de Cappelle bis zu Willem van de Velde, die den Wasserglanz im Gegenlicht aufnehmen und darin den Werken des van der Neer ähnlich werden[100].

Neben der großen Lichtfülle gibt es geringere Lichtquellen, das sind die Reflexe, die sich verstärkt über die Bildbreite verteilen und als lichtmehrendes Element bei der Beleuchtung mitsprechen. Das ermöglicht der amphibische Charakter der holländischen Landschaft mit ihren zahllosen Kanälen und Wassergräben. Das Durcheinander von Wasser und Land wird im Bilde ein Nebeneinander von Hell und Dunkel; und das Helle kommt bis vor an den Vordergrund, ein hundertfaches Echo: Überall gibt es Bild und Spiegelbild; und auch der oft regennasse Erdboden glänzt auf. Damit die Reflexe eingesehen werden können, liegt der Horizont manchmal verhältnismäßig hoch (z. B. bei Abb. 69 und 57).

Wenn zahlreiche kleine und kleinste Lachen aufblitzen, dann ist es, als ob das Licht von hinten überall durch den braunen Boden und durch die Wolkendecke sickert. Dann schafft das Licht die große Einheit; die Natur ist in ihrer ganzen Wahrheit darin und vermittelt eine echte, tiefe Stimmung, der wir uns mit Andacht hingeben.

Auch hier geht van der Neer einige Male bis an die Grenze; bei Überschwemmungen nehmen die silberglänzenden Flächen viel mehr Raum ein als das trockene

87

---

100) Vgl. Jan van de Cappelle, „Ruhige See bei Sonnenuntergang" im Wallraf-Richartz-Museum in Köln (HdG 54) Abb. bei Stechow a. a. O. Nr. 235

Erdreich; und vor unseren Füßen erscheint das Licht des Wasserspiegels heller als der Himmel[101]. Ungewöhnlich, täuschend, fast erschreckend und gespenstisch wird die ganze nächtliche Landschaft vom Licht aus dem Wasser beherrscht und verändert.

Wir haben die Lichtführung realistisch genannt; und das ist sie im Vergleich zu älteren Bildern, bei denen der Mond nur figuraliter gemeint war: er leuchtet nicht; aber bei van der Neer wird die Beleuchtung als vom Mond ausgehend dargestellt. Dabei wird seine Lichtkraft überhöht und überhaupt in den Dienst der künstlerischen Vorstellung gebracht.

Einen Kunstgriff, eine besondere Lichtperspektive gebraucht van der Neer, wenn er das Mondlicht nach Analogie des künstlichen Lichtes zur Lichtquelle hin immer heller werden läßt, so daß die begünstigte Ferne den Blick auf sich lenkt[102].

Die Stadt in der Bildtiefe ist dem Mond nicht näher als der dunkle Vordergrund mit dem Standort des Betrachters; und es sind nicht Wolkenfenster und Wolkenschatten, die den Unterschied bewirken, sondern eine vorsichtig kontinuierliche Abstufung von hinten nach vorn, als wenn auch das Mondlicht auf dieser kurzen Strecke im Quadrat der Entfernung abnähme. Die sichtbare Wirklichkeit wird überschritten, und weil wir die tagtägliche Erfahrung mit dem künstlichen Licht gewöhnt sind, nehmen wir die Täuschung schnell an.

Damit wird ein weiteres Kunstmittel zur Erschließung der Raumillusion gewonnen; das Licht übernimmt noch einmal eine ordnende Aufgabe in der Nachtlandschaft, indem es den Bildraum kontinuierlich durch die abgestufte Helligkeit zusammenfügt und dem Streben nach Zusammenfassung aller sichtbaren Dinge entgegenkommt.

Schließlich sind es Ausnahmeerscheinungen am Himmel, die van der Neer mit besonderem Interesse beobachtet und dargestellt hat, etwa den kurzen Augenblick, in dem sich Sonne und Mond am Abend nebeneinander in gleicher Höhe über dem Horizont begegnen (Abb. 52) oder in dem die beiden auf die Dauer weniger Sekunden ein Zwielicht hervorbringen (Abb. 101) und die Abendlandschaft farbig bereichern; und wie die Stillebenmaler ihre Gegenstände zu schwierigen Zusammenstellungen häufen, um Form- und Farbprobleme herauszufordern, so galt die Aufmerksamkeit des van der Neer den planetarischen Zufällen mit schwer vorstellbaren Verwicklungen in den Farb- und Lichtverhältnissen.

Obwohl die Finsternis bei van der Neer nirgends bedrohlich wird, empfindet man unmittelbar die Freude am Licht. Alles Licht in der Dunkelheit erfreut, ist es doch das Urgleichnis allen Glückes.

88

---

[101] z. B. bei HdG 171, ehemals in Breslau, bei HdG 57 im Wellington Museum im Apsley House.

[102] Die allgemeine, oft mühsam motivierte Dunkelheit der Landschaften am unteren Bildrande (bei van Goyen eine Geländewelle oder ein Schlagschatten) und die allerhellste Ferne (bei den Manieristen jene phantastischen Felsen wie aus hellblauem Glas) sind Kunstgriffe, die sich aus Lionardos Traktat entwickelt haben. Auch das Mondlicht des van der Neer folgt dieser Lichtkomposition; es ist ein Kunstlicht, das zur Organisation der Hell-Dunkel-Landschaft gebraucht wurde, also in unserem Falle eine ästhetische Qualität

Abb. 83   Eisvergnügen am Abend

Abb. 88a   Winterlandschaft bei aufziehendem Schneesturm

Abb. 91 Eisvergnügen vor einer Stadt

91

Abb. 101   Winterlandschaft mit den Fischreusen

ÜBERLEGUNGEN ZUR FARBE[103]

Aert van der Neer hatte von Natur eine hohe Begabung für Farbe. Seine Farben sind ein untrennbarer Bestandteil seiner Bilder, ohne die das komplizierte Gebilde seiner Kunst nicht hätte bestehen können. Aber bei den Nachtlandschaften ging es nicht vorrangig um Farbe, sondern um Licht und um die Wirkung des Lichtes im Raum; der Raum und besonders der dunkle Raum ist seinem Wesen nach farbfeindlich.

Also kam der Farbe bei van der Neer nur der Platz zu, der ihr im Laufe der Entwicklung seiner Bildvorstellungen allmählich zugewachsen war; und danach blieb ihre undankbare Aufgabe, in den Nachtstücken weitgehend zurückzutreten und sich zu beschränken.

In jedem Falle sind seine Farben eigenartig, dem Thema angepaßt und – von den Lehnfarben abgesehen – von Dunkelheit und Gegenlicht in ihrer Zahl und Intensität beschränkt.

Diese Beschränkung, eine Form der Abstraktion, war auf jeden Fall notwendig. Als sie in den späten 60er Jahren aufgegeben wurde, begann die Auflösung jener Form der Nachtlandschaft, die wir als Höhepunkt dargestellt haben.

Anfänglich folgte van der Neer auch in der Farbgebung den Vorbildern; wir kennen den graugrünen Ton, die archaisierende Farbe des Hondecoeter auf den Taglandschaften der ersten Schaffenszeit; dann kamen die Bilder mit den satten schönen Farben des Herbstes und dann gelegentlich schon Mondscheinlandschaften in dem mit Schwarz gebrochenen Dunkelbraun.

Es war ein Zufall, daß der monochrome Stil im rechten Augenblick der Nachtmalerei entgegenkam; und er wurde auch beibehalten, als seine Zeit längst abgelaufen war; ja, man kann sagen, daß er für die Kunst des van der Neer unentbehrlich geworden ist. Die Nachtmalerei verlangte den Gesamtton, er war eine Bedingung, und das Braun hat darin eine führende Rolle gespielt; jenes Braun, von dem O. Spengler gesagt hat, daß es ein Symbol räumlicher Unendlichkeit sei[104].

Aber ganz einfarbige Gemälde von van der Neer kennen wir nicht. Es kommt eine zweite Farbe hinzu, und dann erst beginnt die Spannung, auf der die „Farbigkeit" beruht. Beide Hauptfarben bestimmen den Farbcharakter des Bildes: Dem Braun mit seinen Abstufungen für die Erde wird ein mit Schwarz gebrochenes Blau entgegengesetzt; das ist ein Graublau für den Himmel. So wurden die großflächigen Hauptfarben durch die gemeinsame Beimischung von Schwarz einander angegli-

93

---

aus der älteren Praxis. Die Voraussetzungen waren, daß der Landschaftsraum als Innenraum aufgefaßt und das Himmelslicht der Beschränkung des schwachen künstlichen Lichtes unterworfen wurde. So kommt das Licht des van der Neer nicht nur aus dem Mond oder aus der Abendsonne, sondern auch aus Antwerpen.

[103] Die Unzulänglichkeit unserer Worte, das Unvermögen der Sprache, eine Vorstellung von Farbe zu geben, bleibt ein Mangel der kunstgeschichtlichen Darstellung. Das zeigt sich besonders bei der problematischen Farbgebung der Nachtlandschaften.

chen. Auf diesen beiden, auf Dunkelbraun und Blaugrau beruht hauptsächlich die Farbgebung der Nachtlandschaften des van der Neer.

Auch hier folgte er den Vorbildern. Die beschriebene Zweifarbigkeit hat er von den Nachtstücken des Joachim Camphuysen übernommen, der sie z. B. auf der „Landschaft mit dem Schimmelreiter" schon in den 30er Jahren angewendet hat[105]. Bemerkenswerterweise verlieren diese Landschaften nicht an Wirkung trotz der Beschränkung auf wenige Farben. Sie haben einen echten Wahrheitsgehalt: Die von der Glut des Tages erwärmte Erde wird durch einen warmen, die Atmosphäre durch einen kühlen Ton wiedergegeben; und die Kargheit entspricht dem Düsteren, dem Heimeligen, Lautlosen und Verhaltenen der Nacht.

Dieser Farbzweiklang kommt häufig in der holländischen Malerei vor, auch auf Gemälden Rembrandts, besonders aber auf den sogenannten „Zweifarbenlandschaften", d. s. Zeichnungen mit Bister auf blau eingefärbtem Papier venezianischer Herkunft[106].

Bei den Tag- und Abendlandschaften, die unter Haarlemer Einfluß entstanden waren, lagen wenige Lokalfarben ins dunklere Braun eingebettet, ein Olivgrün auf den Bäumen, ein Rotbraun auf den Dächern; und unter diesen Umständen waren in den 40er Jahren Bilder von großer Schönheit entstanden.

Aber die seltenen Nachtstücke der 40er Jahre litten noch unter der drückenden Dunkelheit. Die nächtliche Finsternis wurde seit alters durch eine kräftige Beimischung von Schwarz erzielt; so war es bei Joachim Camphuysen und bei seinem Bruder Rafael gewesen, und so verfuhr auch van der Neer[107]. Erst um die Jahrhundertmitte, nachdem die kompositionellen Versuche einen wichtigen Abschluß gefunden hatten, wandte sich sein Interesse, vielleicht dem Zeitgeschmack folgend, besonders den Farben zu. Farben sind keine festen Werte. Bei der größten Sachtreue in der Zeichnung, die der holländische Kunstsammler vom Bilde erwartete, begab sich van der Neer in die Zwischenwelt wirklichkeitsfremder Farben.

Es gelang ihm, die Illusion der Dunkelheit mit Farben hervorzurufen; die Nachtstücke wurden heller und freundlicher. Im Zuge der neubelebten Koloristik wurde die Dunkelheit farbig gedeutet.

Damals begannen die Versuche, die Hauptfarben durch Mischung zu verändern. Das Mischen der Farben hatte schon Karel van Mander 1604 gefordert; und in der Praxis ergaben sich unerwartete und unübersehbare Möglichkeiten. Zuerst wurde das Braun mit Schwarz, dann mit Rot oder – besonders delikat – mit Orange gemischt; das Blau mit Braun, Schwarz oder Weiß; es wurde zu Bleigrau gebrochen oder mit einem Schimmer Rot versehen. Die zahlreichen Mischungen, die sich schwer beschreiben lassen, erwiesen sich als hochinteressant im Sinne der Kolo-

---

104) Es ist interessant, welche Farbe unsere Philosophen der Nacht zuerkannt haben:
Nietzsche: „An der Brücke stand jüngst ich in brauner Nacht ..." (Venedig)
Kant: „Die Nacht ist erhaben, ... wenn das zitternde Licht der Sterne durch die braunen Schatten der Nacht hindurchbricht." Beobachtungen über das Gefühl des Schönen und Erhabenen, 1764)
105) Abb. bei FB. Camphuysen S. 13

ristik. Sie beeinflußten die Stimmung der Landschaft und entkleideten die Natur ihrer Realität[108].

Das spirituelle Moment der Farbe kam dann besonders zur Geltung, wenn eine der Hauptfarben durch Ausdehnung oder Intensität ein Übergewicht gewann. Es gibt rote und rotbraune Abendlandschaften, es gibt kühle blaue Winterbilder, aber auch graue und bräunliche, bei denen die zweite Farbe sehr zurückfällt.

Bei den ins Unwirkliche veränderten Hauptfarben denken wir an Hercules Seghers, der mit der Zweifarbigkeit seiner Radierungen experimentierte. Er hatte den Zauber und die Dämonie der Farbe in der holländischen Landschaftsmalerei entfesselt. Unter seinen Farbenpaaren finden wir auch van der Neers Dunkelocker und Taubenblau (in einem Zustand des Blattes „De stad met de vier torens"), aber Seghers geht in seiner Druckgraphik viel weiter; er sucht absichtlich wirklichkeitsfremde Farben.

Tatsächlich läßt der Himmel der Abendlandschaften beim Sonnenuntergang in der Natur vielerlei kaum vorstellbare farbige Wandlungen zu wie sonst überhaupt nichts in unserer alltäglichen Umgebung. Aber vielleicht liegt es näher, hier den Einfluß des H. Avercamp zu vermuten, dessen Griff in die strahlende Farbenwelt des Manierismus auf seinen Gemälden und Aquarellen die heitere Komponente dieser Erscheinung zu Worte kommen läßt[109].

Wir nehmen an, daß van der Neer von den Farben des Seghers und des Avercamp angeregt wurde und daß auf diese beiden zurückgeführt werden muß, was an Farbenphantastik in den Mondscheinlandschaften des van der Neer lebt.

Es gehört zur Praxis van der Neers, daß er auch im Gebrauch der Farbe methodisch vorgeht. Die verhaltenen Hauptfarben geben die breitflächige Grundlage, sie bestimmen den Gesamteindruck und sichern den Zusammenhalt. Die dritte Farbe – oft Rot – ist klar und lichtstark; sie wird in der Nähe der Lichtquelle oder im Vordergrund auf kleiner Fläche eingesetzt; sie wirkt belebend. Dann folgen die Lasuren mit den Lehnfarben, die Glanzlichter und manchmal bunte Tupfen, wie auf dem Abendbild in Aschaffenburg, die sich über das ganze Bild verteilen, alles bestimmt und geführt von einem empfindlich reagierenden Farbgefühl. So entsteht eine neue eigenartige Skala von Farbwerten.

Aert van der Neer hat die Abendlandschaften des wunderbaren Schauspiels wegen gemalt, das sich in der Atmosphäre über dem halbdunklen Land abspielt.

Alle Farben des Regenbogens können sich hell und auch getrübt, aber flüchtig und wandelbar als Lehnfarben zeigen[110]. Sie gehören den Gegenständen selbst nicht

95

---

106) Beispiele sind die „Winterlandschaft" des Rubens in Berlin, dann die des R. Savery, ehemals in der Albertina, die „Mondscheinlandschaft mit Segelbooten" und die „Nächtliche Flußlandschaft" des van der Neer. Abb. bei FB. Zeichnungen Nr. IX und X.
107) Vgl. FB. Camphuysen S. 28
108) Vgl. C. G. Carus: „Von dem Entsprechen zwischen Gemüthsstimmung und Naturzuständen" (Neun Briefe über Landschaftsmalerei, 1830)

an, sondern werden nur kurz als farbiges Licht ausgeliehen. Die Farbe ist von ihrer Gebundenheit an den Körper befreit und zu einer Eigenschaft des Lichtes geworden. Auch deswegen hat van der Neer die Nacht und den Winter in der Landschaft bevorzugt, weil da die Lokalfarben von der Dunkelheit verschluckt oder vom Schnee zugedeckt werden und den Lehnfarben das Feld überlassen.

Wenn sich gar im Wasser die Himmelsfarben widerspiegeln und der schlummernden Erde etwas von der bunten Pracht verleihen und wenn am Himmel ein erdiges Braun spielt, dann nennen wir das Farbenaustausch.

Eine besondere Aufmerksamkeit schenken wir den farbenreichen Abendlandschaften, die eben mutatis mutandis hier mitgemeint waren; etwa dem großartigen Mühlenbild in der Eremitage (Abb. 54), der Abendlandschaft in Aschaffenburg (Abb. 92) und dann den Gegenstücken im Mauritshaus. Hier läßt sich beobachten, wie van der Neer die farbige Ausstattung auf den Himmel und den Wasserspiegel beschränkt, während die übrige Landschaft eintönig braun zurückbleibt. Er verbindet unbedenklich die überschwengliche Farbenpracht des Abendhimmels mit der schlafenden braunen Erde darunter.

Die Lehnfarben wurden aus dem Flämischen eingeführt, vermutlich durch Jan Lievens, der sich in der Stadt des Rubens aufgehalten hatte und nach 1644 nach Amsterdam zurückgekommen war.

Die Rubensfarben entfalten ihren sinnlichen Schönheitswert, indem sie mit ihrer Klarheit nicht nur den Himmel, sondern auch die Erde der Landschaft durchdringen und mit bunten Reflexen schmücken. Wir nehmen an, daß van der Neer die Farbgebung des Rubens gekannt hat und von ihr beeinflußt worden ist.

Außer an den Abendhimmeln bemerken wir das an einer Reihe von Winterlandschaften. Bei den Nachtlandschaften ist es nur selten der Fall. Bei van der Neer wirkt die Tonmalerei noch immer nach; seine Erde bleibt meistens braun und dunkel im Gegenlicht, und der braune Grundton trübt zuweilen die hellen schwebenden Farben am Himmel. Es ist, als ob die Nähe der Erde und ihre Wärme und braune Dunkelheit auf seine Farben eingewirkt hätte[111].

(Rubens hat auch einige Nachtlandschaften geschaffen, aber sie bleiben Ausnahmen. Doch gibt es Ölskizzen von ihm (z. B. in Brüssel), die dem van der Neer in der Farbgebung nahekommen[112]. Da wurden die Lokalfarben auf eine gelbbraune Untermalung aufgetragen, die selbst noch großflächig stehen bleibt.)

Während die in leuchtende Farben aufgelösten Landschaften des Rubens Lebenskraft und Lebensfreude ausstrahlen, lädt der Himmel des van der Neer zur Bewunderung und zur stillen Andacht ein.

---

[109] H. Averkamp gehört wie H. Seghers zu den Schülern des Coninxloo wie auch der vorher genannte G. C. de Hondecoeter. Das Verhältnis des van der Neer zum flämischen Spätmanierismus ist weder zufällig noch vorübergehend gewesen.

[110] Vgl. Hans Kauffmann: „Die Farbenkunst des Aert van der Neer" in der Festschrift für Adolph Goldschmidt, Leipzig 1923, S. 106 ff. Wir weisen auf Kauffmanns großartige Interpretation hin und bedienen uns seiner Terminologie. Aber die von ihm beschriebene Ausstrahlung des Lichts, das durch trübende Medien in

Die zarten blau-rötlich gefärbten Himmel über den Abend- und Winterland-schaften, bei denen man an Rubens denkt, sind wunderschön, aber selten sind sie nicht[113]. Eine besondere Schönheit dagegen entwickeln Lehnfarben auf einigen Nachtlandschaften des van der Neer, die in der Nähe des Mondes auf engem Raume am Wolkenfenster aufleuchten. Es sind oft Gegenfarben – violette Wolkenstreifen neben Gelb, oranger Abglanz vor dem Himmelsblau, Steinrot neben grünlichem Schimmer, und noch das weißliche Mondlicht – leuchtender, lebhafter als die nun zurücktretenden Farben der monotonen Dämmerung, in der die große Fläche des Bildes verbleibt, um die farbige Pracht um den Mond in ihrer Wirkung zu vervielfäl-tigen.

Die kostbaren Farbenmischungen sind wirksamer als die großflächigen Farben, eben weil sie verdichtet aus dem Kontrastdunkel aufbrechen; sie lösen ein Stück Nacht grell auf und sind manchmal so eigentümlich, wie sie sich sonst in der hollän-dischen Malerei nur selten finden lassen.

Sandrart hatte gefordert, daß die Farbe überall „ihren Ort" habe, d. h. daß sie ihrer Intensität entsprechend im Hintergrund oder im Vordergrund des Bildes am richti-gen Platze ist. Das hat van der Neer mit feinem Gefühl zu ordnen verstanden, und damit trägt die Farbe auf seinen Gemälden zu der vollendeten Raumillusion bei.

Die Bewertung der Italisanten hat sich seit der Utrechter Ausstellung 1965 gewan-delt; sie stehen jetzt hoch im Kurs. Es ist möglich, daß zwischen der Farbgebung der nationalholländischen Schule und der südlich beeinflußten Kunst einiges unverein-bar bleibt, wofür das Werk des van der Neer ein Beispiel abgeben kann. Das allge-meine Aufleben der Farbigkeit nach der Herrschaft des Einheitstones war zunächst eine natürliche Rückwirkung; das gleichzeitige Auftreten der südlichen Farb-gebung kam dazu und hat stärkend eingewirkt. Was van der Neer in den 50er Jahren davon aufgenommen hat, hält sich in den notwendigen Grenzen; die gelbroten Abendhimmel des Jan Both und des Berchem finden wir bei ihm nicht.

Das wichtigste Zeichen des Italisanteneinflusses bei van der Neer ist vielleicht das Ausfällen der Schwarzanteile aus der Farbe des Erdbereiches der Nachtlandschaf-ten; sie wurden bunter; und ohne den Eindruck der Dunkelheit ganz aufzuheben, wurde das schwärzliche Braun öfters zu einem Braunorange umgefärbt; und in den Lehnfarben finden wir nun seltene violette Töne. Ein Zuviel der südlichen Farben-pracht hätte dem Charakter seiner Nachtstücke nicht entsprochen; erst in den 60er Jahren konnte ein stärkerer Einfluß platzgreifen, als die „dritte Farbe", das Rot, breitflächig auf den Mondscheinlandschaften auftritt.

Anders ist es bei den Abend- und Winterbildern, die sich der allgemeinen Farb-gebung der Zeit leichter angleichen konnten.

97

---

die Regenbogenfarben zerlegt wird und den Lichtraum mit prangendem Kolorit schmückt, haben wir auf den Originalen des van der Neer nicht angetroffen.
[111] Es gibt viele Landschaften mit braunen Reflexen an den Wolken.
[112] Die hat van der Neer sicherlich nicht gesehen.
[113] Unter den Lasuren der Wolkenhimmel des van der Neer begegnen sich manchmal Rot und Blau wie auf dem Inkarnat der frühen Rubensbilder.

Entfernt von den naiv-fröhlichen Blondfarben des Hendrik Avercamp, von der Klarheit des Regenbogens in den Bildern des Rubens und von der sinnlichen Schönheit südlicher Einflüsse zieht sich das erdige Braun des van der Neer durch sein umfangreiches Werk als ein Zeichen der Schwere und des kritischen Beobachtens. Es findet seine Auflösung im Lichtkreis des Mondes.

WINTERLANDSCHAFTEN

Aert van der Neer hat etwa 150 Winterbilder gemalt. Für ihre Farben gilt nur ausnahmsweise, was von denen der Nachtstücke gesagt wurde. Wir unterscheiden zwei Tonarten bei ihm: die braunen Nächte und Abende, das sind die stillen Bilder, und die hellen, oft blauen Winterbilder.

Bei denen kommt das Licht nicht aus der Bildtiefe, es herrscht Tageslicht, die Sonne steht hoch links außerhalb des Bildraumes, wie die Schatten anzeigen; doch wird die ferne Bildmitte stark angestrahlt, daß sie zur hellsten Stelle nächst dem Himmel wird. Zu der veränderten Farbe und Lichtführung kommt die lebhafte Staffage – es ist eine andere Bildwelt, in der noch das ältere „Wintervergnügen" weiterlebt. Da gibt es figurenreiche Szenen; und zwischen den Menschengruppen leuchten die hellen leeren Flächen des Eises auf. Viele Menschen gleiten auf Schlittschuhen hin und her, oder sie geben sich dem Golfspiele hin. Das war schon von alters her in den Niederlanden bekannt und muß sich der häufigen Darstellung nach großer Beliebtheit erfreut haben. Auf den zahllosen Wasserstraßen Hollands war das Schlittschuhlaufen und Schlittenfahren ein besonderes Vergnügen. Hofstede de Groot zählte auf einem Gemälde des van der Neer mehr als 300 Personen, die sich bei schönem Wetter auf der Amstel vor Amsterdam vergnügen und in buntem Gewimmel alles darstellen, was sich auf dem Eise abspielen kann, ein Spiegel zeitgenössischen Lebens.

Eins der schönsten Bilder dieser Art ist das im Reichsmuseum (Abb. 89). Es strahlt im freundlichen hellblauen Licht die rechte Winterfreude aus. Sonst ist es oft ein mildes Silberlicht, in das gelbe und rote Tupfen eingesprengt sind.

Aert van der Neer hat noch eine andere Form des Winterbildes gemalt, bei der das Sittenbildliche zurücktritt und bei der man wohl einen wesentlichen Einfluß der Nachtstücke annehmen darf. Da ist der farbenprächtige Winterhimmel verglüht; in sein toniges Grau sind nur sparsam zarte Farbenreize eingefügt, und auf dem Eis findet wenig Belustigung statt. Der Augenpunkt liegt weiter zurück, und die rahmenden Bäume an den Seiten fehlen. Das Wesentliche an diesen Bildern ist der Reichtum an Stimmungsmomenten; die Schwermut des Winters klingt an.

Wir blicken in eine Landschaft im Dämmerlicht des kurzen Tages mit Wolkenhimmel, Eis und Abendschnee, monoton in kaltem Graugrün oder Graublau, und darauf viel Zeichnung mit aller Feinheit der Handschrift, schwärzliche Pinselstriche für Zweige der kahlen Bäume und für Halme des Riedgrases auf dem vorderen Landstreifen oder am Ufer, Halme, die nach hinten spürbar dünner und kleiner und blasser werden, und dann unerhebliche fast farblose Staffage im Zusammenhang mit der Umgebung.

Die äußerlich anspruchslosen Bilder stellen mit dem Überwiegen des Landschaftlichen den entwicklungsgeschichtlich jüngeren Typ dar. Es sind Kabinettstücke, noch immer im Einheitston gemalt; sie überzeugen durch Wiedergabe der Lichtfunktion und vermitteln Winterstimmung, Erinnerungen an Abende im Februar, wie das Bild im Mauritshaus im Haag (Abb. 85) und das „Eisvergnügen auf einem breiten grasdurchsetzten Gewässer" in München (Abb. 93).

So führen die Winterabende des Aert van der Neer von der älteren zur neuen Auffassung, von der Eisbelustigung zur Landschaft. Unter den Malern des holländischen Winters nimmt er unbestreitbar den ersten Platz ein[114].

BRANDBILDER

Brennende Häuser in einer nächtlichen Stadt waren im 17. und 18. Jahrhundert ein begehrtes Bildmotiv. In unserem Zusammenhang erinnern wir daran, daß schon im Saftleven-Inventar von 1627 „een brandeke van Kamphuysen" erwähnt wird und daß ein Brandbild aus dem Jahre 1637 von van der Neer bekannt ist (Abb. 5). Das Thema gehört also zu seinen ältesten[115].

Hofstede de Groot hat etwa 50 solche Darstellungen von van der Neer aufgezählt; wir nehmen an, daß es weniger sind. Sie lassen sich aus den Nachtlandschaften ableiten, deren Komposition sie übernehmen, und alles, was dazu gesagt wurde, gilt auch hier. Das Besondere ist die zweite Lichtquelle und die farbige Ausstattung, das ist die Feuerfarbe in der Dunkelheit.

Die selteneren Brandbilder mit geringem Augenabstand sind Stadtansichten mit mehr oder weniger durchgeführter Architektur – Häuser, Plätze und Straßen.

Wenn das Feuer aber in großer Entfernung gezeigt wird, folgen die Darstellungen der gewohnten Komposition; sie sind eine Spielart der Mondscheinlandschaften, meist mit besonders guter Illusion der Ferne. Im Vordergrund werden Menschen-

---

114) Zu dem Thema vgl. W. Stechows unübertreffliche Darstellung a. a. O. Seite 92 ff.
115) HdG 1, 2 und 6 sind verschollen, sie sind wohl nicht von van der Neer.
   Auf der „Feuersbrunst in einer Stadt" (Abb. 77) soll die Zahl 1643 zum Vorschein gekommen sein. Wir halten das Datum für unwahrscheinlich, das Bild ist aus den 50er Jahren; und der Brand des alten Stadthauses in Amsterdam im Jahre 1652 gäbe ein topographisches Datum, aber das Bild im Berliner Depot (HdG 8) ist nicht echt.

gruppen als Rückenfiguren angebracht, die das Schauspiel bestaunen und – selten bei van der Neer – ihrer Erregung Ausdruck geben. Aber auch wir erleben die eigenartige Stimmung mit.

Brandbilder in der Nacht, das sind Bilder mit zwei Lichtquellen, mit dem kühlen Licht des Mondes und dem Glutlicht daneben. Die Farbe ist im Einflußgebiete des Mondes schieferblau, im Einflußgebiete des Feuers rotbraun und braunorange, wechselweise heller und lebhafter. Auf dem dunkleren Hintergrund fliegen die glühenden Funken hellrot, goldgelb und weißgelb empor, und darüber wölben sich dichte graubraune Rauchwolken. Der Wasserspiegel fängt die leuchtenden Farben auf und reflektiert sie.

Welcher Unterschied zu dem phantastisch gelb-grün-roten Feuerwerk des Jan Brueghel! A. van der Neer hat die Schönheit der Feuerfarben und die barocke Plastik der Rauchwolken beobachtet und im Realismus holländischer Prägung wiedergegeben.

Die zahlreichen Kopien aus älterer Zeit lassen auf große Beliebtheit schließen. Leider sind nur wenige gute Beispiele in öffentlichem Besitz.

ZEICHNUNGEN

Aert van der Neer ist ein vorzüglicher Zeichner gewesen. Wir dürfen annehmen, daß eine größere Zahl von Zeichnungen von ihm vorhanden gewesen ist, denn die wenigen erhaltenen Blätter zeigen eine erstaunliche Erfahrung in der Handhabung des Tuschepinsels[116].

Augenblicklich kennen wir nur 13 echte Handzeichnungen von ihm – eine Skizze auf der Rückseite des Blattes II mitgezählt. Sie befinden sich fast alle in öffentlichem Besitz und zeichnen sich durch hohe Qualität aus. Sie lassen sich unterscheiden in Kompositionsentwürfe und in Blätter, die als fertige Kunstwerke Geltung beanspruchen. In jedem Falle sind es Tuschpinselzeichnungen mit einem persönlichen Stilgefüge, das ganz aus der Eigenart der graphischen Mittel entwickelt wurde und die sich darin von den Gemälden unterscheiden. Doch in der nach und nach wechselnden Auffassung der Landschaft stimmen sie überein.

Die erste Gruppe ist im vorbereiteten Zusammenhang mit der Malerei entstanden. Sie nähert sich der Aquarellmanier und überrascht durch eine lockere, aber sichere und treffende Pinselspur. Der Farbstoff wird in verschiedener Dichte verwendet, von der durchsichtigen Verdünnung im Hintergrund nach vorn immer

100

---

[116] Noch vor wenigen Jahrzehnten bot das zeichnerische Werk des van der Neer ein verworrenes Bild. Einige wenige hochwertige Blätter hatten – wie man glaubte – einen von den Gemälden abweichenden Stil. Andererseits gab es in den bedeutendsten Sammlungen der Welt eine große Zahl (meist mit dem Monogramm des van der Neer versehene) Zeichnungen, die mit den Gemälden ikonographisch übereinstimmten. Aber die Qualität befriedigte doch nicht recht; es waren Fälschungen und Nachzeichnungen, die man als solche nicht erkannt hatte.

dunkler werdend. Niemals fehlen die einprägsamen Dunkelheiten der Lavierung im Baumschlag oder in den Repoussoirs.

Von anderer Struktur ist die zweite Gruppe, in der die Landschaft in ihrem Licht mit graphischen Mitteln festgehalten wird. Die Tagesstunde ist bedeutsam, weil die im Tagesablauf schwankenden Lichtverhältnisse beobachtet und mit Sorgfalt dargestellt werden. Dazu wird die formumschreibende Linie aufgelöst. Das angemessene Ausdrucksmittel van der Neers für die flüchtige Lichterscheinung in der Landschaft sind weiche Pinselstriche, die oft nur andeuten, die Gegenstände aber nicht durch Umrisse aus ihrer Umgebung abtrennen. Die Striche gehen nicht ins Flächige über; sie sind kurz und immer wieder unterbrochen, so daß der helle Grund in den Unterbrechungen sichtbar bleibt, als wenn das Gegenlicht die Formen durchdringt und sie in den unbestimmten Schwebezustand der Dämmerung versetzt. Diese scheinbar tastenden, tatsächlich aber sicheren Striche, Tupfen und Punkte liegen über einer mit Farbe blaß angelegten Vorzeichnung oder über einer breitflächigen Lavierung, die mit einem anderen weicheren Pinsel gegeben wurde.

Die empfindlichen Abstufungen der Lichtverhältnisse werden vorsichtig abgewogen, so daß die schon erwähnten, dem Tageslauf angepaßten Lichtzustände erkannt werden können. Wir spüren die Luft zwischen den Bäumen und über dem Wasser; Lichtflecken glänzen auf dem Fluß, auf der regennassen Straße, auf dem Eise; und alles bleibt halb offen. Trotz der Auflösung im einzelnen fügt sich zuletzt alles sicher zu der bekannten Komposition zusammen; sie bleibt als Stütze erhalten.

Aert van der Neer hat der optischen Erscheinung mit den sparsamen zeichnerischen Mitteln eine eigene, vollkommene künstlerische Form gegeben. Das macht diese Blätter unverwechselbar und wertvoll. Es gibt Zeichnungen, die manches Ölgemälde in den Schatten stellen.

Wir begreifen nicht nur die besondere Qualität, wir lernen beim Studium dieser Blätter eine neue Seite seiner Kunst kennen und gewinnen ein erweitertes Bild seiner Begabung und einen Einblick in seine Arbeitsweise. Das besondere Verhältnis der Zeichnungen zu den Gemälden ist aufschlußreich.

Der Charakter seiner zeichnerischen Vortragsweise kann auch auf Gemälden erkannt werden, besonders auf solchen, die stellenweise selbst wie Zeichnungen behandelt worden sind, wo sich offene dunkelbraune Striche von der hellbraunen Grundierung abheben und wo aus der noch nassen Farbe helle Linien ausgekratzt worden sind. So finden wir auf dem Gemälde „Der Mondaufgang" in Berlin HdG 163 die kurzen unverbundenen Häkchen am Astwerk des spärlich belaubten Baumes und die bekannten graphischen Formeln in der Struktur des Erdbodens wieder. Bei der „Mondscheinlandschaft mit dem bellenden Hund" in Amsterdam

Schließlich waren die echten Blätter in der Eremitage, die eine Brücke zu den wenigen guten hätten schlagen können, so gut wie unbekannt. (Das Blatt Abb. 33 wurde erst 1928, das Blatt Abb. 109 erst 1972 veröffentlicht.) So blieb die Vorstellung von van der Neers Zeichenkunst zunächst unklar und die Beschäftigung mit ihr unerquicklich.

(Abb. 69) zeigen die hellen Hauswände den ausgesparten Malgrund, auf dem sich jene losen und lockeren Linien abzeichnen. Es gibt noch andere seinem Zeichenstil nahestehende Gemälde, die diese Beobachtung bestätigen.

Die Zeichnungen des van der Neer gehören zu dem wertvollsten Kunstgut aus dem 17. Jahrhundert. Sie überzeugen durch ihre Wahrheit und glänzen durch ihre Schönheit[117].

Zurückblickend auf die 50er Jahre stellen wir fest, daß sie die fruchtbarste Zeitspanne gewesen sind. Es war die große Zeit der Nachtlandschaften, deren Form entwickelt und zur glücklichen Vollendung gebracht wurde; und so, wie sie da entstanden ist, lebt sie in der allgemeinen Vorstellung weiter; sie ist es, die seinen Ruhm ausmacht. Der poetische Aufschwung, der um die Mitte der 40er begonnen hatte, setzte sich fort und hielt bis über die 50er an. Die Farbe aber blühte auf und fand selbst im dunklen Raum der Nachtbilder, sich langsam an die Abendlandschaften angleichend, ein eigenes spätes Glück.

Unter den vielen hochgeschätzten Winterlandschaften dieser Jahre befinden sich Werke von überzeugender Bedeutung.

Wieviel Mannigfaltigkeit innerhalb der oft ähnlichen großen Form, wieviel Erfindung im einzelnen und welche Vergeistigung der abendlichen und nächtlichen Landschaft!

---

[117] Dazu FB. Zeichnungen
(Dieses Kapitel folgt dem als Buch erschienenen Werkverzeichnis der Zeichnungen.)

„MONDSCHEINLANDSCHAFT MIT EINEM BELLENDEN HUND"   Abb. 69
(HdG 155. L., 55 x 103 cm) in Amsterdam (Reichsmuseum)

Das ungewöhnlich breite Format mit dem Horizont fast auf der Bildmitte läßt keinen hohen Himmel zu. Die starke Aufsicht betont den umfangreichen Vordergrund, auf dem ein S-förmiger Weg und seine Wagenspuren als in den Raum drängende Lineatur wirksam werden. Die Straße links und die Ufer im Hintergrund bilden zusammen einen weiten flachen Bogen, der sich über die ganze Bildbreite spannt, die Wasserfläche erscheint als Oval, und das rechte Ufer kommt nur stark verkürzt zum Vorschein.

Die Farbgebung beschränkt sich auf die zwei Hauptfarben. Die helle Grundierung ist auf vielen Stellen offengelassen (alles Helle ist Grundierung), sie ist überwiegend lichtocker ohne Schwarzbeimischung, es ist eine ziemlich helle, aber noch keine farbige Nacht; der Himmel bleibt blaßgrau.

Eigenartig ist die Technik, weil das Gegenständliche ganz zeichnerisch und manchmal lasierend mit dem Pinsel in Dunkelbraun aufgetragen wurde, besonders bei den Häusern links. In die noch nasse Farbe wurden bei dem Zaun, den angelehnten Stangen, vorn bei den Gräsern usw. Lichtlinien eingekratzt. Das Bild steht dort der Zeichnung näher als der Malerei; es ist eine Art Pinselzeichnung in einer verhältnismäßig lockeren Struktur[118].

Die kompositionellen Eigenarten, besonders der großzügige Umgang mit der Perspektive lassen vermuten, daß das Bild erst um die Jahrhundertmitte oder wenig später entstanden ist. An diese Landschaft schließen sich die beiden folgenden an.

(Im Reichsmuseum hängt dieses Gemälde zwischen dem olivgrünen Bild mit dem Jäger (Abb. 18) und dem blauen Winterbilde (Abb. 89); der farbige Gesamteindruck ist dort eigenartig rotbraun[119].)

„MONDSCHEINLANDSCHAFT MIT DEM LIEGENDEN HUND",   Abb. 70
dat. 1653
(bei HdG „Mondscheinlandschaft mit einem Kanal")[120]
(HdG 226, H., 57 x 105 cm)

Das Bild ist von gleicher Größe wie das vorige, und es ist auch in der Anlage und der Darstellung sehr ähnlich. Aber das breite Licht-Oval, in dem das Wasser glänzt

---

[118] Durch dieses und durch ähnliche Gemälde wird der Charakter seiner Handschrift, wie sie uns in den wenigen Zeichnungen entgegentritt, bestätigt.
[119] Es gibt mehrere alte Wiederholungen mit geringen Abweichungen.
[120] Der neue Name ist mit Bezug auf das vorhergehende Gemälde gewählt worden, mit dem es zusammenhängt.

und das sich als Element seiner Komposition bewährt hat, macht die Ebene heller und weiter, und die Zeichnung kommt zu einer prächtigen Klarheit.

Durch die Lage des Horizontes wirkt das vorhergehende Bild hochgezogen und altmodisch, das macht der ungewöhnliche Standort. Das kleine folgende Gemälde hat wieder ein anderes Licht und anderes Wetter; Wolkenhimmel und Vordergrund sind weit gegliedert. Bei allen dreien ist die Staffage, Mensch und Tier, ganz ins nächtliche Dunkel eingehüllt, aber immer wirkt sie echt und natürlich und ist doch nirgends gleich.

Wir haben das Glück, noch ein großes und gut erhaltenes Gemälde mit Jahreszahl zu finden, das uns nach vorn und nach rückwärts einen Anhaltspunkt gibt. Besonders die Übereinstimmung mit Abb. 69 und seinen alten Wiederholungen lichtet das Dunkel der Datierung für einen Umkreis auf. Die folgende gleichfalls datierte Landschaft läßt uns die Möglichkeiten erkennen, die dem Künstler zu gleicher Zeit in Komposition und Farbe verfügbar waren.

Abb. 71   „NACHTLANDSCHAFT MIT DEM HIRTEN UND SECHS TIEREN",
                dat. 1653
                (HdG –, H., 27 x 38,2 cm)

Das kleine bescheidene Landschaftsbild, auf dem noch eine echte Datierung gefunden wurde, ist nicht bei HdG verzeichnet[121]. In der Anlage schließt es sich an die beiden vorhergenannten Gemälde an. Vordergrund und Mittelgrund werden dann aber durch zahlreiche Waagerechte beherrscht, durch Gräben, Dämme, Langholz, Boote; und das rechte Ufer, das erst an der Schwelle des Hintergrundes beginnt, läuft fast waagerecht auf die Bildmitte zu, ein großer Unterschied zu den Uferschrägen des nur vier Jahre älteren Bildes in Prag.

Das Neue und Wichtige an dem kleinen Bild ist, daß die Häuser und Bäume mit Lokalfarben ausgestattet sind; sie verdämmern nicht im allgemeinen Dunkelbraun. Mehrere kahle Bäume lassen auf Herbstzeit schließen. Das rötliche Braun steht gegen die kühlen Farben des Himmels, und an den großen Wolkenballen links über den Häusern zeigt sich ein wenig Manganrot, ein Rotbraun mit einem Stich ins Violette.

Es ist eine helle Nacht, die früheste; farbenfroher als die dunklen Mondscheinlandschaften, die in den späten 40ern entstanden sind; und es ist die letzte Jahreszahl; soviel wir wissen, die letzte überhaupt im Werke des van der Neer.

104

---

[121] Der Verfasser hat das Gemälde selbst untersucht und die Jahreszahl und Signatur gesehen.

„MONDSCHEINLANDSCHAFT MIT EINEM RUHIGEN GEWÄSSER”   Abb. 72
(HdG 403, L., 40 x 52 cm) in Duisburg (Slg. Henle)

Dieses Gemälde ist nur wenige Jahre später entstanden. Es macht mit den fülligen Bäumen, die sich wie bei S. van Ruysdael im Wasser spiegeln, und dem Wolkenhimmel einen anspruchsvolleren Eindruck und ist in der Komposition geschlossener als die Landschaften von 1653; es wirkt ruhiger und ernster.

In der linken Bildecke steht ein vornehm gekleideter Herr. Seine Tracht entspricht genau der eines Herren auf einem Gemälde des Gerard Terborch, das 1656 datiert ist[122]. Die Stiefel, die Strümpfe und der Hut gleichen sich so sehr, daß danach unsere Landschaft auch auf die Zeit um 1656 datiert werden kann.

„FLUSSLANDSCHAFT IM MONDSCHEIN”   Abb. 73
(HdG –, H., 34 x 36 cm)

Auf dem kleinen, ungefähr quadratischen Bilde sind die großen Uferbäume oben abgerundet; und die aufquellenden Wolken wiederholen die Formen des Baumschlages. Das dritte Ufer fehlt hier, das Flußwasser kommt bis an die vordere Bildkante.

Das Außergewöhnliche sind die Farben. Einen seltenen und aufregenden Akkord gibt das Braunorange, ein Venezianisch-Rot (Eisenoxydrot), das mit Goldgelb aufgehellt ist, neben einem Blau und Blaugrau und dem dunklen Braun der Erde; und mitten darin das opake Weiß des Vollmondes und sein Spiegelbild im Wasser.

Dieses Braunorange kommt auf einigen Brandbildern und sonst in kleinen Proben schon früher vor, hier aber beherrscht es flächenfüllend den Gesamteindruck.

Man könnte an das Nachtstück in Dordrecht denken; die ähnliche Komposition ist nun klarer, der Augenabstand größer geworden; und an die Stelle des schwärzlichen Dunkels ist die Farbe getreten; oder an die Winterlandschaft im Wallace-Museum (Abb. 87), auf der das Abendrot in deutlicher Realistik wiedergegeben wird. Hier aber ist es die Farbphantastik, die einen merkwürdigen und seltenen Wohlklang vermittelt[123].

„MONDSCHEINLANDSCHAFT MIT EINEM FLUSS”   Abb. 74
(HdG 316, H., 77 x 99 cm) in Worms (Heylshof)

Das hervorragende Bild fügt sich anscheinend mit der bekannten Komposition

---

122) Vgl. S. J. Gudlaugsson: Gerard Terborch, den Haag 1959, S. 279: „Bildnis einer Familie”, Stockholm, Hallwylske Museet.
123) Vgl. die Farbabbildung in der Zeitschrift „Die Weltkunst” Jg. 1979 Seite 1201.

hier ein, aber die Datierung bleibt problematisch. Der Baum vor der rechten Bild-flanke erinnert an Landschaften der 40er Jahre, und die Uferschrägen kommen weit nach vorn und laufen in einem verhältnismäßig spitzen Winkel zusammen. Andere Merkmale weisen das Bild als ein Werk aus der ersten Hälfte der 50er Jahre aus. Da ist die Farbgebung der dunkleren Uferpartien bemerkenswert. Die Häuser und Bäume besonders des linken Ufers sind farbig gehalten, nicht im allgemeinen Braun; wir finden Dunkelgrün neben Rotbraun wie auf den Abendlandschaften und grüne Grashalme im Vordergrund.

Der weitentwickelte Wolkenhimmel steht in vielen Winden; seine Wolken-wände, durch Struktur und Beleuchtung unterschieden, liegen geschichtet hinter-einander, so daß die Illusion der Raumtiefe auch am Himmel entsteht. Wir nehmen an, daß diese Darstellung erst nach dem Nachtstück in der Slg. Krupp (Abb. 60, dat. 1647) entstanden ist.

Über dem Mond zeigen sich neben gelbgrauen und hellgrauen Wolken zarte Rottöne, die ins Braunorange übergehen. Es ist ein abwechslungsreicher Himmel von hoher Farbkultur; ein Zeichen von van der Neers Begabung für Farbe.

(Diese Landschaft läßt sich nicht mühelos dem geradlinigen Fortgang einordnen. Wir müssen annehmen, daß es Kompositionen gegeben hat, die dem Ablauf einer stetigen Entfaltung vorauseilen, dann aber zunächst wieder aufgegeben und später im Zusammenhang doch noch eingeholt werden. Dann fügt sich alles zum konti-nuierlichen Ganzen. Andererseits entstanden auch Bilder, in denen aus nicht ersichtlichen Gründen auf einen überalterten Standpunkt zurückgegriffen wurde. (Eines von beiden oder beides könnte hier der Fall sein.) Hier zeigen sich die Gren-zen der stilkritischen chronologischen Methode, bei der weder geniale Vorausnah-men noch Rückbesinnungen möglich sind. Die künstlerische Entfaltung verläuft nicht immer logisch; wir müssen mit unvermuteten Einflüssen von außen und mit plötzlichen künstlerischen Einfällen rechnen, die wir nicht erklären können.)

Abb. 75   „FLUSSLANDSCHAFT BEI MORGENDÄMMERUNG" und
Abb. 76   „FLUSSLANDSCHAFT BEI SONNENUNTERGANG"
                 (HdG 53 und 54, H., 44,8 x 63 cm) in den Haag (Mauritshaus)

Es handelt sich um echte Gegenstücke. Die Symmetrie der Anlage wirkt feier-lich; das Besondere an dem Bildpaar sind die Farben. Die feste Erde und was mit ihr zusammenhängt, ruht im Gegenlicht und bleibt mit Braun und einem Schimmer Oliv farbig unerheblich. Um so aufregender sind die Buntfarben, die sich am Himmel und am Widerschein im Wasser wie in einem Spiegel ausbreiten. Diese

Farben des Morgens und des Abends mit kaltem und warmem Licht sind farbsymbolische Gegensätze, in ihrem Nebeneinander fast modern übertrieben und mehr Deutung als Wiedergabe. Sie kontrastieren miteinander als farbige Extreme und passen nicht einfach in das hergebrachte Bild seiner Landschaften.

Selten zeigt sich so wie hier, daß Licht und Farbe den beherrschenden Anspruch machen und welcher Art die Buntfarben sind (es sind Fremdfarben) und wo sie ihren Platz in der Landschaft haben.

Der Gehalt der beiden Gegenstücke wird vom Didaktischen her verständlich, und darum gehen sie auch als Gegenteile bis an die Grenze des Darstellbaren. Sie führen uns vor Augen, wie der Morgen in der Pracht der Farben prangt und wie die Nacht wie ein dunkler Vorhang sich auf die Erde herabsenkt und Licht und Farbe auslöschen wird: Das Drama eines Tages.

Mit dem vom Riedgras bestandenen Tiefenkeil, der weder Erde noch Wasser ist, werden sie dem Münchener Winterbild ähnlich, doch sind sie sicherlich früher entstanden, also in der ersten Hälfte der 50er Jahre; sie sind ganz vom Licht und von der Farbe her aufgefaßt[124].

Es gehört zum Eigenartigen in der Kunst des van der Neer, daß diese visionären Licht- und Farbeffekte immer auf dem gleichen starren Gerüst seiner Komposition entwickelt werden.

„FEUERSBRUNST BEI NACHT AN EINEM KANAL"   Abb. 77
(HdG 451. L., 44 x 54 cm)[125]

Das Gemälde folgt der bekannten Anlage mit dem vorn sich teilenden Flusse. An seinen Ufern sehen wir schön gruppierte Häuser einer Stadt und links den Brandherd. Aufgeregte Menschen eilen herbei; im Vordergrund legt ein Fährboot an.

Wie auf dem nächtlichen Stadtbrand aus den 40er Jahren (Abb. 30) wird hier auf das Vollmondlicht weitgehend verzichtet, damit das Feuerlicht und die Brandfarben zur Geltung kommen. Der Flammenschein reflektiert an den Hauswänden und leuchtet vorn als helle Lichtspur auf; der Himmel und der Wasserspiegel werden vom Brandrot gefärbt, und die Funken fliegen bis in den hohen rauchdunklen Nachthimmel.

Das ist die bevorzugte Form des Brandbildes, wie sie der Künstler oft wiederholt hat und wie sie dann bis ins 18. Jahrhundert nachgeahmt wurde.

---

124) Im Katalog des Mauritshauses (1980 S. 61-64) wird bezweifelt, daß es sich um Gegenstücke handelt. Der gleichhohe Horizont, die Verwandtschaft der ungewöhnlichen Farben und die innere Verbindung der beiden Bilder zueinander überzeugen, daß sie zu gleicher Zeit entstanden sind und zueinander gehören. In jenem Katalog wird eine Entstehungszeit in den 40er Jahren für wahrscheinlich gehalten. Die dafür angegebenen Gründe sind nicht zutreffend.
125) Das Gemälde befindet sich im Besitze der Kunsthandlung S. Lodi in Campione d'Italia.

Abb. 78 „DIE BRANDWOLKE"
(bei HdG „Feuersbrunst in einer Stadt am Abend")
(HdG 453. H., 28 x 22 cm) in Brüssel (Königliches Museum der
Schönen Künste)

Das Hochformat wird ganz von der aufsteigenden Brandwolke beansprucht, die sich aus dem Hintergrund in den Vordergrund wölbt und scheinbar aus dem Bilde herauszuwehen droht. Die Staffagefiguren unten laufen in entgegengesetzter Richtung auf die Brandstelle zu. Sie zeigen ihre Erregung wieder durch hochaufgehobene Arme – van der Neer ist nicht sehr vielseitig in der Gestensprache.

Die Brandstelle im rechten Bildviertel des Hintergrundes hebt sich durch Helligkeit und den Reiz der Feuerfarben aus dem halbdunklen Landschaftsraum heraus. (Wie auch sonst oft bleibt die große Fläche des Bildes zurückhaltend, während auf einem engen Raume Licht und Farbe grell heraussstechen.)

Die Mondscheinlandschaften und die Seestücke sind sich in den 50er Jahren nahe gekommen. Der Nachthimmel, das viele Wasser, die Boote, der weite Augenabstand, die gleiche Komposition und die Stimmung machen sie einander ähnlich.

Sie unterscheiden sich von den Marinen der 40er Jahre, auf denen ein Boot beherrschend im Blickfeld steht, und von denen der 60er, bei denen schon viel von der kompositionellen Disziplin verloren gegangen ist.

Abb. 79 Auf der „MONDSCHEINLANDSCHAFT MIT DEN DREI
WINDMÜHLEN"
(HdG 170. H., 46 x 69 cm) in Bremen (Kunsthalle)

ist die Bildmitte ganz vom Wasser überschwemmt (Sumpfgrund); diese Partie ist vorzüglich gemalt und wirkt transparent. Im Hintergrund zeigen sich drei Segelboote und drei Windmühlen nur klein in blauer Ferne.

Abb. 80 „UFERSZENE BEI MONDLICHT"
(HdG –, H., 63 x 76 cm) ehemals Slg. J. C. H. Heldring

Man darf es für ein Seestück nehmen. Am Ufer sitzen die Fischer am Holzfeuer, dessen Schein an den Gesichtern aufglänzt – ein beliebtes Motiv, das schon bei R. Camphuysen vorkommt. Daneben liegen die Kähne am Ufer, denn die Bildmitte

Abb. 102   Flußlandschaft im Mondschein

110

Abb. 103   Sumpfiges Gelände im Mondschein

Abb. 104   Winterlandschaft mit Schlittschuhläufern bei Sonnenuntergang

111

Abb. 108   Winterlandschaft mit Blockhütte

muß für den großen Auftritt des Mondlichts am Himmel und im Wasserspiegel freigehalten werden[126].

„MONDSCHEINLANDSCHAFT MIT EINEM FLUSS" (HdG 221. H., 30,5 x 46,9 cm) in London (National Gallery)

Abb. 81

Die beiden Ufer nähern sich, von links und rechts kommend, in Form zweier dunkler Spitzen. Darüber entwickelt sich der Wolkenhimmel mit großartiger Lichtverteilung, der wieder in dem breiten Flußwasser aufglänzt – eine auffallend einfache und ausgewogene Komposition. Segelboote stecken die Entfernungen ab, und alles bleibt flach und eben. Darin ähnelt das Bild der Mondscheinlandschaft in Frankfurt (Abb. 82).

Dieses Bild hat einen lebhaften Beifall gefunden. Es ist selbst noch einmal (im Ton etwas heller) in der Sammlung Thyssen-Bornemisza[127] und außerdem mit veränderter Staffage als HdG 138 vorhanden, und es war bis ins 19. Jahrhundert der Ausgangspunkt zahlreicher Nachahmungen und Fälschungen. So stellte man sich allgemein eine Nachtlandschaft des van der Neer vor. Die Symmetrie, die starken Lichtgegensätze, die großartige Verteilung des Mondlichtes in der Wolkenlandschaft und die stimmungsfördernden Einzelheiten des Vordergrundes haben zuverlässig ihre Wirkung getan.

Tatsächlich stellt dieses Bild in seiner Anlage eine Grundform vor, die oft wiederholt wurde und die als ein Höhepunkt der kompositionellen Entwicklung verstanden werden kann.

„MONDSCHEINLANDSCHAFT MIT FISCHERBOOTEN" (HdG 188, H., 35 x 49 cm) in Frankfurt (Städelsche Kunstslg.)

Abb. 82

Wir betrachten einen Mondaufgang mit allem Glanz. Seine besondere Schönheit beruht auf der ausgewogenen Komposition, auf der Farbgebung und auf der Stimmung. Der beruhigte Vordergrund mit der Wasserfläche und der hohe stille Himmel vermitteln eine feierliche Ruhe – das ist der Abendfriede über dem Wasser[128].

Das große Segel eines Bootes verdeckt die hellste Stelle im Bilde. Im Blickpunkt leuchtet ein Farbenbukett auf engstem Raum. Neben dem Goldocker-Licht in der Nähe des Mondes gibt es verschiedene Gelb- und Grautöne, dann ein Orange, Neapelgelb, Graurosa und Braun von ungewöhnlicher Schönheit im Zusammenwirken. Ganz links steht ein Baum, dessen Blattwerk mit aufgesetztem Deckweiß

---

126) In der Komposition ganz ähnlich ist die „Marine im Mondschein", ehem. in der Slg. Helbing in München, H., 47 x 70 cm) Katalog der Versteigerung vom 15. VI. 1909 Abb. Tafel 18.
127) Abb. im Katalog von 1971 der Slg. Thyssen auf Tafel 175
128) Vgl. das Diagramm S. 81

gehöht ist; es könnten die vom Winde bewegten Unterseiten der Blätter der Ulme sein, die weißlich-grau aussehen.

Es gibt eine Gruppe von Bildern, die sehr ähnlich komponiert sind, die sich aber in Licht und Farbe als Winterbilder und als Nachtlandschaften unterscheiden. Sie bieten uns die seltene Gelegenheit, die Veränderungen an beinahe gleichen Darstellungen zu beobachten.

Die beiden Winterbilder:

Abb. 83   „EISVERGNÜGEN BEI SONNENUNTERGANG”
(HdG 485, L., 37,5 x 51 cm) in Berlin-Dahlem (Gemäldegalerie)
und das „EISVERGNÜGEN AM ABEND”
(HdG 511, H., 25,5 x 36 cm) Privatbesitz

Die beiden Nachtstücke:

„MONDSCHEINLANDSCHAFT MIT ZUM TROCKNEN
AUFGEHÄNGTEN FISCHERNETZEN”
(HdG 193, H., 37 x 51 cm) in Göttingen (Kunstsammlungen der
Abb. 84   Universität) und die „FLUSSLANDSCHAFT MIT FLÖSSEN”
(HdG –. H., 29,5 x 38 cm) in Enschede (Reichsmuseum Twenthe)

Bei ungefähr gleichem Augenabstand folgen alle vier Gemälde der bekannten symmetrischen Anlage mit den haus- und baumbestandenen, perspektivisch zulaufenden Ufern. Quer durch den Mittelgrund verläuft ein Gatter, das den Fluß absperrt, und davor liegt links ein Langholzfloß in der Flußrichtung, auf den Fluchtpunkt in der Bildmitte zielend. Besonders diese eigenartigen Merkmale, die zu den allgemein bekannten hier noch dazukommen, machen die Bilder einander ähnlich.

Sie zeichnen sich alle durch vorzügliche Luftperspektive aus und unterscheiden sich als Winter- und Nachtlandschaften, Verwandlungen, die der Ablauf des Jahres und des Tages mit sich bringt.

Die Eisvergnügen sind belebt, besonders das in Berlin. Das Licht kommt von links, wie oft bei Winterbildern, und die weite Eisfläche reflektiert den Abendhimmel und wird immer heller nach hinten. Es sind die Farben am Himmel und auf der Eisfläche, die beide Bilder auszeichnen: Neben dem zarten Himmelblau steht Blaßrot (Rosa) und Goldgelb, vorsichtig abgetönt und mit Blaugrau und Weißlich neutralisiert. Das ist eine Farbenfreude, die – wie schon öfters erwähnt – an Rubens erinnert.

Die beiden Mondscheinlandschaften bleiben da zunächst zurück. Ihre Himmel haben die blaugraue Wolkenbildung mit allen Registern der Helldunkelmalerei; das Mondlicht kommt ungefähr aus der Bildmitte und spiegelt sich im Wasser neben einem Boot, auf dem eine massige Fischreuse liegt. Auf Staffage wird verzichtet.

Das einsame Boot im Vordergrund leistet noch einen Beitrag zur Stimmung. Es ist die Stimmung der Mondnacht, wie wir sie später bei C. D. Friedrich wiederfinden.

Wir nehmen an, daß diese vier Bilder zu etwa gleicher Zeit entstanden sind. Die strenge Symmetrie mit dem Fluchtpunkt in der Bildmitte und der Einsatz aller perspektivischen Kunstmittel fällt auf. Aber die Sicherheit in der Komposition, besonders die Abwechslung der unter ähnlichen Bedingungen gestalteten Bilder lassen vermuten, daß sie mitten in den 50er Jahren entstanden sind.

„WINTERLANDSCHAFT MIT EINEM BREITEN, ZUGEFRORENEN FLUSS"
(HdG 494, H., 25 x 36,5 cm) in den Haag (Mauritshaus)   Abb. 85

Diese kleine Tafel mit dem weiten hohen Wolkenhimmel, mit Wolkenschatten über der Eisfläche, die frühe Dämmerung erwartend, gibt die Illusion eines stillen trüben Februartages. Sie hat die Komposition mit dem vorn sich teilenden Flusse; das dritte Ufer liegt quer zur Flußrichtung und beeinträchtigt den natürlichen Verlauf des Geländes. Der Landschaftsraum bleibt im Einheitston, in verhaltener Farbe ohne kräftigen Lichtdurchbruch. Die Lichtwahrheit überzeugt.

Auf diesem Bilde fand man unter dem Monogramm eine seltene, auf den Tag genaue Datumsangabe: 7 fe. 16.5 mit anderer Farbe, also nachträglich, eingeschrieben. Von der wichtigen Zahl in der Zehnerstelle ist nur die obere Hälfte erhalten; es kann eine 3 oder eine 7 gewesen sein. Als Entstehungsdatum kommt keine der beiden Zahlen in Frage. 1655 wäre eine passende Zeitangabe, aber der Rest der Zahl hat zu keiner 5 gehört[129].

„EISVERGNÜGEN VOR DEM STADTWALL"   Abb. 86
(HdG 497, L., 61,5 x 76,5 cm) in den Haag (Museum Bredius)

Auf dieser Winterlandschaft sehen wir nicht dem Flußlauf entlang; es ist eine Diagonalkomposition. Erst im Hintergrund biegt der Fluß um und zielt nach der

---

[129] Es gibt mehrere Winterlandschaften mit der ähnlichen Komposition und Größe; sie sind ungefähr zur gleichen Zeit entstanden.
Was die Jahreszahl angeht, so könnte man sie für das Datum einer Wiederbegegnung nach 20 Jahren halten. Aber was wissen wir schon vom Fühlen und Denken der Menschen, die 300 Jahre vor uns gelebt haben?

Bildmitte, wo er sich in der Ferne verliert. Am linken Ufer ragen hohe Festungswälle und ein Stadttor auf. Man hielt es zunächst für eine Ansicht des Amsterdamer Tores in Haarlem, den Fluß für die Spaarne, aber das hat sich nicht bestätigen lassen.

Die Hauptfarben treten in energischem Gegensatz hervor und wechseln in verschiedenen Abstufungen. Der silbergraue Wolkenhimmel spiegelt sich im Eise, das nach vorn zu zum Blaugrün neigt; die anderen farbigen Zutaten bleiben zurück.

Es gibt nicht viel Staffage; das trägt zu der Stille bei, die das Bild vermittelt. Die Kostüme, besonders die Herrenhüte mit dem runden Kopf und der knappen Krempe sind denen auf dem Winterbilde in Leipzig (Abb. 90) gleich; und wir müssen eine etwa gleiche Entstehungszeit annehmen[130].

Dieses Winterbild gehört in jeder Beziehung zu den schönsten, die van der Neer geschaffen hat. Das liegt an der glücklichen Komposition, an der vollendeten Illusion der Ferne, an der Klarheit des Winterlichtes und an der vornehmen Farbgebung.

Im Wallace-Museum in London finden wir zwei ungewöhnliche Winterbilder von hoher Qualität, für die wir andere Namen vorschlagen:

Abb. 87   „DAS ABENDROT"
             (bei HdG: „Eisvergnügen bei Sonnenuntergang auf einem breiten,
             zugefrorenen Kanal")[131]
             (HdG 509, L., 55 x 69 cm) in London (Wallace Collection)

Neben den blauen Winterbildern sind es die Abendlandschaften, in denen der Farbe ein bedeutender Platz zugestanden wird. Von den 40er Jahren ab gibt es in allen Jahrzehnten einige Abendbilder mit großflächigem Rotanteil, aber jedesmal in anderer Abtönung und anderer Farbnachbarschaft.

Auch hier ist es wieder die Farbe, durch die das merkwürdige Bild auffällt. Die linke Hälfte des sehr weiten Himmels wird fast ganz vom Abendrot gefärbt, das vom Goldgelb über Goldorange bis zum Rot und Rotbraun geht. Das kräftige Rot kommt auch in der Kleidung der Staffage vor; vom Schneeweiß zeigen sich nur Spuren. Die Farbgebung wird bis zum Äußersten gewagt; doch eigentlich durfte man im Werke des van der Neer einen Farbenrausch im Abendrot erwarten. Die Darstellung überzeugt trotz der hervorstechenden Farbgebung.

116

---

130) Vgl. J. H. der Kinderen-Besier, a. a. O. Abb. 151
131) Man sollte kurze und treffende Bildtitel erfinden. Die jetzt gebräuchlichen kommen aus Hofstede de Groots Bildbeschreibungen, die sich an Einzelheiten halten mußten, um die vielen ähnlichen Darstellungen zu unterscheiden. Nachdem jetzt die Bildwiedergabe alle umständliche, aufs Sachliche gerichtete Beschreibung ersetzt, dürften neue kurze einprägsame Bildtitel – wo es möglich ist – von einem charakteristischen Merkmale abgeleitet werden.

Abb. 88

„DAS SCHNEEGESTÖBER"
(bei HdG: „Eisvergnügen bei Schneegestöber")
(HdG 508, L., 62 x 76 cm) in London (Wallace Collection)

Auch diese Landschaft ist ungewöhnlich. Sie zeigt einen Ausnahmezustand mit den Unbilden des Wetters, mit starken Lichtunterschieden unter der schwarzen Wetterwolke – da ist ein Sturm im Bilde vorgestellt, dem sich die zahlreichen frierenden Personen und die gepeitschten Bäume stellen müssen. Da liegt wirklich Schnee in einem Winterbilde, und von rechts treiben feine kalte Flocken heran. Die Landschaft und der Mensch sind hier in einen engen Zusammenhang gebracht – eine seltene Dramatik bei van der Neer, in der die aufgeregte Natur und die Haltung der Personen vortrefflich zum Ausdruck gebracht werden; das ist keine bloße Staffage mehr.

Beide Landschaften sind wohl um die Mitte der 50er Jahre entstanden. Sie haben im 19. Jahrhundert große Beachtung gefunden. Wir kennen gute Wiederholungen, einige Kopien und unerträgliche Nachahmungen. Von dem Schneesturm gibt es eine Radierung von P. J. Arendzen (1846–1932).

„WINTERLANDSCHAFT BEI AUFZIEHENDEM SCHNEESTURM"
(HdG 531. L., 61 x 76 cm) Privatbesitz

Wir kennen drei Bilder dieser Art. Hier ist es eine Dorflandschaft, in die der Schneesturm hereinbricht.

Auch dieses Gemälde zeichnet sich durch seine genaue Ausführung aus. Die einzelnen Schneeflocken, die fein wie Nadelstiche und alle gerichtet und zu Scharen geordnet heranwehen, das goldgelbe Riedgras im Vordergrund und das vom Sturm gebeugte Zweigwerk der schlanken Bäume sind vorzüglich gezeichnet.

Die besondere Aufmerksamkeit gilt den seltenen Farb- und Lichtzuständen. Es berührt immer eigenartig, wenn der schneebedeckte Erdboden heller erscheint als der Himmel darüber, an dem hier die Wolkenballen in Blaugrau und Braun aufquellen. Die ungewöhnliche Beleuchtung ist es wohl gewesen, die den Künstler zu den Bildern mit Schneesturm angeregt hat.

Abb. 89

„EISVERGNÜGEN"
(HdG 479, L., 64 x 79 cm) in Amsterdam (Reichsmuseum)

Es ist das Hauptstück einer Reihe von Winterbildern, die wir die „blauen" nennen.

Es sind keine „Abendstunden". Unter dem herrlichen hohen Wolkenhimmel bietet sich ein unterhaltsames Bild. Es tummeln sich zahlreiche Personen auf der weiten Eisfläche, alle sind gut charakterisiert, wie nach dem Leben gemacht. Nach hinten erscheinen sie immer kleiner und nehmen unsere Blicke mit bis weit in die Ferne, wo die Eisfläche mit dem Himmel verschmilzt.

Im Vordergrund biegt der Fluß ab und läßt eine Landbühne frei, auf der wir die altbekannten Gegenstände antreffen. Am linken Ufer dehnt sich eine große blasse Stadt mit Kirchtürmen und Festungswällen im Mittagslicht aus. Das Licht kommt nicht von hinten, sondern von links oben. Der Hintergrund wird angestrahlt und so zu einer sehr hellen Stelle im Bilde. Es ist ein freundliches breites Licht, kühl und bläulich – nicht allzu blau, weil die Farbe von der durchscheinenden Eichenholztafel erwärmt wird[132].

Diese Beschreibung kann beinahe für alle Gemälde dieser Reihe gelten[133].

Bei der Kostümdatierung geben die Kragen und Hüte den Ausschlag. Stechow gibt „um 1655" als Entstehungszeit an. Wir nennen vorsichtiger die Jahre zwischen 1655 und 1660[134].

Zu der blauen Reihe gehört auch das

„EISVERGNÜGEN AUF EINEM VON KAHLEN BÄUMEN
EINGEFASSTEN GEWÄSSER"
Abb. 90   (HdG 512, L., 64 x 78 cm) in Leipzig (Museum der bildenden Künste)

Das Leipziger Gemälde hat genau die Größe des Amsterdamer[135], es ist aber um einiges blauer. Das Abendrot liegt auf der Mitte des Hintergrundes, das ist wieder die hellste Stelle, eben da, wo bei den Nachtstücken die Lichtquelle ist.

Der Himmel ist sonst blaugrau, aber auf einem Streifen in mittlerer Höhe zeigen sich die Grundfarben als hellblau, rosa und ockergelb neben weißlichen Lichtern.

An den Staffagefiguren gibt es vorn kräftige Farbtupfer, manchmal zinnoberrot; und nach hinten zu wird alles kleiner und blasser; so auch bei den Baumreihen an den Seiten. An den dunkleren Stellen rechts und links vorn sind die fallenden Schneeflocken mit winzigen weißen Pünktchen angegeben.

Die dichten seitlichen Abschlüsse mit hohen Randbäumen und die sich verjüngenden Baumreihen könnten es älter erscheinen lassen als das Amsterdamer Winterbild, aber die Mode der Kostüme deutet auf das Gegenteil: Es ist um weniges jünger. Vielleicht müssen wir annehmen, daß ähnlich komponierte Gemälde nicht immer zur gleichen Zeit entstanden sind, daß der Künstler dieselbe Anlage und die

---

132) Eben das ist auf dem Amsterdamer Bilde deutlich sichtbar, während der „Winter" in Leipzig (Abb. 90) besser erhalten zu sein scheint.
133) Eine vortreffliche Beschreibung des Gemäldes hat Stechow (a. a. O. S. 93-94) gegeben.
134) Die Datierungsangaben danke ich den Damen de Bruyn und de Goede im RKD in den Haag.
135) Das Maß 64 x 79 cm ist ein Standardmaß, nach dem die Malbretter vorrätig angefertigt wurden. Es hat als Faktor 16 (mal 4 zu 5). Vgl. FB. Camphuysen S. 11.

gleiche Farbgebung über längere Zeit beibehalten hat.

„EISVERGNÜGEN VOR EINER STADT"   Abb. 91
(HdG 538 A. H., 63 x 85 cm) im Kunsthandel[136]

Es ist das hellste und blaueste dieser fröhlichen Reihe. Da ist wieder die Fülle der abwechslungsreichen Staffagefiguren und der Gegenstände, alles von den beiden Farben belebt: braun, was am Boden haftet und zum Boden gehört, und blau und luftig der weite Himmel und die Eisfläche. Dieses Bild steht dem in Leipzig doch näher als dem in Amsterdam.

Die herrlichen Winterbilder, die sich in der Lichtführung und Farbgebung ähnlich sind, stellen den äußersten Gegensatz zu den Mondscheinlandschaften dar. Ihre besondere Schönheit kommt aus dem farbigen Licht, das von der Eisfläche reflektiert wird, und die Wahrheit der Darstellung kommt aus der Lichtperspektive.

„VIEHWEIDE BEI SONNENUNTERGANG"   Abb. 92
(HdG 59, H., 24 x 35 cm) in Aschaffenburg (Schloß Johannisburg)
(Gegenstück zum folgenden Bilde)

Es ist kein Flußbett, dem wir entlangsehen, sondern ein feuchtes Wiesental, das hier verkürzt als breites Oval erscheint. Dort sammeln sich die Wasserlachen, die Licht und Farbe im Wasserspiegel aufnehmen. Ein Zaun trennt den Vordergrund vom Mittelgrund und gibt der Komposition die erstrebte Festigkeit.

Auch hier auf dem Weidebilde ist die Erdenlandschaft fast gleichmäßig dunkelbraun mit wenig Graugrün an den Wiesen. Am Himmel sammelt sich die Glut der fast untergegangenen Sonne in einem breiten, von farbigen Lichtern erhellten Oval, wie glühend in Rotbraun-Goldorange-Gelb und Weißgold konzentrisch zusammengefaßt, neben Blau und Blaugrau weiter oben. Die Erde ruht ganz im Gegenlicht. Nur vereinzelte Farbtupfen leuchten noch am geliebten Mancherlei der ländlichen Gegend auf, die vom braunen Mantel der Dämmerung zugedeckt wie im Traum zwischen Wunder und Täuschung liegt.

„EISVERGNÜGEN AUF EINEM BREITEN GRASDURCHSETZTEN   Abb. 93
GEWÄSSER"
(HdG 514, H., 23 x 34 cm) in München (Alte Pinakothek)
(Gegenstück zum vorhergehenden Bilde).

---

136) Das Gemälde befindet sich in der Kunsthandlung David M. Koetser in Zürich.

Beide Gemälde hingen bis 1911 gemeinsam in der ehemals kurerzbischöflichen Galerie in Aschaffenburg. Sie sind echte Gegenstücke als Sommer und Winter mit gleichhohem Horizont; sie entsprechen sich in der seitenverkehrten Komposition, und ihre Fluchtpunkte liegen in der Nähe der sichtbaren Abendsonne.

Wir blicken auf einen von unregelmäßigen Ufern unsicher abgegrenzten Fluß, auf dessen Eisfläche sich Schlittschuhläufer tummeln. Der große Abstand des Betrachters läßt die Personen klein erscheinen und immer kleiner mit wachsender Entfernung. Nur ganz links vorn steht eine Familie, die ausnahmsweise aus dem Bilde herausschaut (wie ehemals bei H. Avercamp um 1610 und wie auf dem Winterbilde von 1643 aus der Slg. Saltmarshe (Abb. 26). Leider läßt ihr Kostüm die besonderen Merkmale vermissen, die eine Datierung ermöglichen; doch haben wir schon die Mitte des Jahrzehnts überschritten.

Die Komposition – prächtig von Bau – ist auf die Mittelachse ausgerichtet. Das linke Ufer ist weit zurückgesetzt, es erscheint nur noch als Rest im Hintergrund. Dafür hilft der Tiefenkeil in der Mitte, ein seichter, von Riedgras bewachsener Sumpfgrund, die Raumillusion zu befördern. Eine Unzahl von ausufernden Grasbüscheln geleitet den Blick nach hinten; und selbst die Grashalme nehmen an Größe und Härte immer weiter ab, je entfernter sie sind.

Den Gesamteindruck bestimmt ein Blaugrau an Himmel und Eisfläche, ein einheitlicher Farbton, der die ganze Landschaft oben und unten zusammenfaßt; dazu das Weiß der Wolken und ganz blasse rotbraune Reflexe. Die Staffage ist fast ohne Lokalfarbe, nur am Mantel des Herren ganz links ein deutliches Rot, dem dann rechts einige breite blaßrote Flächen an den Hausdächern entsprechen[137].

Das ist eine andere Form des holländischen Winterbildes, eine winterliche Stimmungslandschaft, eine der schönsten der holländischen Malerei. Die Schwermut des Winters klingt an; hier ist wohl der Einfluß der Nachtlandschaften wirksam gewesen.

Schon die vorzügliche Raumillusion, die Farbe und die Feinheit der Handschrift sichern diesem Bilde einen hohen Rang. Außerdem stellt es entwicklungsgeschichtlich einen neuen jüngeren Typ dar, der von der Eisbelustigung zur Stimmungslandschaft führt. Das kleine Bild überzeugt auf den ersten Blick und vermittelt Erinnerungen an Winterabende.

Abb. 94   „MONDSCHEINLANDSCHAFT MIT SEGELBOOTEN"
                    (HdG 160, H., 32 x 46 cm) in Berlin-Dahlem (Gemäldegalerie)

120   In dem kleinen Bilde ist alles enthalten, was vorher gezeigt und geschätzt wurde.

---

137) Eine farbige Abbildung befindet sich in der Sammlung „Kunstwerke der Welt" (Aus dem öffentlichen Bayerischen Kunstbesitz) München Bd. V. 170.

Unter dem nächtlichen Wolkenhimmel sehen wir die glänzende Fläche des Flusses, eingefaßt von jenen schmalen Ufern mit allem Notwendigen und Zufälligen der holländischen Landschaft, wie sie so oft dargestellt wurde. Aber die Dunkelheit macht alles groß und einfach.

Im Vordergrund, fast ganz im Dunkeln, hält ein Kahn, in dem zwei Männer noch zu später Stunde mit den zum Trocknen aufgehängten Netzen beschäftigt sind.

Von dem Gemälde geht eine ergreifende Ruhe und jene Wahrheit aus, die uns in das Bild einbezieht. Auge und Ohr sind der nächtlichen Stille hingegeben. Wir leben ganz in der Schönheit des Bildes und fühlen Vertiefung und Innerlichkeit.

„MONDSCHEINLANDSCHAFT MIT EINEM BREITEN GEWÄSSER"   Abb. 95
(HdG 240, H., 40 x 53 cm) in Leipzig (Museum der bildenden Künste)

Auf dem regennassen Erdboden glänzen die schrägen Bodenwellen auf und führen unseren Blick zum Wasserspiegel, der sich mit dem hellen Bezirk am Himmel zusammenschließt. Die Erde ruht in warmem durchscheinenden Braun, und oben treiben große graue Regenwolken über die feuchte Ebene. Wir sind nicht allein in der Sommernacht, weiter vorn halten Leute aus dem nahen Dorf ein auf ihrem Wege, aber unser Blick wird weiter bis zu der fernen hellen Stadt fortgetragen[138].

Die Klarheit der Mondnacht wird durch die Bestimmtheit der Zeichnung verdeutlicht. Bildform und Lichtraum sind ganz natürlich eins geworden; und alles spricht unser Gefühl einfach und unmittelbar an, die Wolken, die Wolkenschatten, die Ferne der holländischen Landschaft. In diesem und in ähnlichen Nachtstücken ist die Bildidee des van der Neer am reinsten verwirklicht.

121

---

[138] Wo sich Vorder- und Mittelgrund begegnen, halten sich die Bezugspersonen auf. Sie sind ins Gespräch vertieft; eine am Boden sitzend, wie damals bei R. Camphuysen.
Vgl. FB. Camphuysen Abb. VI.

IV

DIE SECHZIGER JAHRE

Der Übergang zu den 40ern und zu den 50ern war durch auffälligen Stilwandel an datierten Werken deutlich zu erkennen. Am Anfang der 60er ist das nicht der Fall. Es sind höchstens die besonders schönen Farben, die jetzt an van der Neers Landschaften auffallen. Erst später können wir im Verlauf des Jahrzehntes gewisse Änderungen in der Komposition beobachten, und am Ende des Zeitabschnittes bemerken wir, wie weit sich das neue Bild vom gewohnten entfernt hat.

Die einzelnen Bildgruppen, die bisher zeitlich geordnet vorgestellt wurden, zeigten in ihrer Abfolge den Weg einer künstlerischen Entfaltung, aber in den späten 60er Jahren stellten sich Veränderungen ein, die nicht von seinem Genius gelenkt wurden; sie kamen von außen, es waren Zugeständnisse an den veränderten Zeitgeschmack. Die späten Bilder entfernten sich nach und nach von der Form und von dem Geiste des van der Neer, von seiner Spiritualität und von all dem, was wir an den Werken auf dem Höhepunkt seiner Kunst geschätzt haben. Der suchende, erfindende und gestaltende Künstler war in die Abhängigkeit der Umwelt geraten.

VERÄNDERUNGEN

Wir beobachten zuerst die Veränderungen, die sich nach und nach am auffälligsten im Aufbau zeigen.

Weil sich das Raumgefühl allmählich abgeschwächt hatte, wurde die Raumdarstellung im Laufe des Jahrzehntes vernachlässigt, und der Zusammenhang zwischen Bildform und raumerzeugendem Licht löste sich langsam auf. Die symmetrische Anlage, ein Grundelement der bevorzugten Komposition, wurde öfters aufgegeben, der Flußlauf aus der Bildmitte heraus weit an die Seite verlegt, wodurch die Tiefenillusion einbüßen mußte. Die Darstellung der Ferne war nicht mehr so interessant wie ehemals, während der Vordergrund dafür an Bedeutung gewann. Er wurde durch unterhaltende Staffage belastet; überhaupt hatte sich das Verhältnis zwischen Mensch und Landschaft verschoben, nicht zugunsten der Landschaft.

Die schlichte Wiedergabe der Dinge im festlichen Mondlicht auf der Grundlage der bewährten Komposition genügte nicht mehr; und die Möglichkeiten, diese Komposition abzuändern, waren auch erschöpft. So wich schließlich alles einer effektvollen, unruhigen Auffassung. Der Höhepunkt im Werke des van der Neer war überschritten[139].

FARBEN

Mit dem Aufbau veränderte sich auch die Farbgebung bald nach 1660; da beginnt sich der Einfluß der Italisanten für kurze Zeit bei van der Neer auszuwirken[140].

Es geht dabei um die ersten Werke des neuen Jahrzehntes. Am eindrucksvollsten zeigt sich ein prächtiges Rot bei einer Gruppe von Mondscheinlandschaften als buntes Licht am blaugrauen Wolkenhimmel – die „dritte Farbe". Sie übernimmt einen Beitrag zur Dramatik im Bildgeschehen, der früher ganz dem Lichte vorbehalten war.

Dann kommt ein Goldton in die Abend- und Winterbilder. Auf dem „Eisvergnügen" in Basel (Abb. 100) leuchten neuartige Farben in kräftigen Gegensätzen, wenn ein lichtes Braun und Goldgelb neben dem dunklen grünlichen Blau des Vordergrundes stehen, und auf dem in Braunschweig (Abb. 115) zeigen sich die großen Figuren vorn in bunten Kostümen, deren Farben verdünnt und duftig am Himmel der weiten Landschaft wiederkehren. Diese nehmen mit Altrosa, Blaßblau und Eisgrün Farbstimmungen voraus, die die Koloristik der Rokokozeit vorbereiten.

Später überraschen das Seestück in Wien und das Winterbild in Bremen (Abb. 118 und 117) durch aparte Farbzusammenstellungen am Himmel. Das alles war auch eine echte Bereicherung im Abend- und Winterbild der späteren Zeit.

Die Nachtlandschaften werden dann seltener, ihre Farben härter und trüber; sie verlieren etwas von ihrer Bedeutung im empfindlichen Gebilde des nächtlichen Bildraumes. Die Lichtdarstellung entfernt sich vom Frieden der Mondnächte und ihrer Weite durch eine künstlich hervorgerufene Unruhe, und eben da beginnt schon der Weg, der zu den Landschaften des Altersstiles führt (Abb. 116).

123

---

[139] Aufschlußreich scheint die Zeichnung FB. XII (Abb. 111), die noch in den besten 60er Jahren entstanden ist und eine letzte Komposition vorausnimmt, die dann infolge der veränderten Umstände keine Verwirklichung mehr gefunden hat. Zur Ausprägung einer neuen Bildidee kam es nicht mehr.

[140] Es wäre übertrieben, wenn wir in Angleichung an die beiden vorhergehenden Jahrzehnte sagen wollten, bei den 60ern gehe es um die Farbe.

In den 50er Jahren noch bediente sich van der Neer einer zeichnerischen, genauen, fast kläubelnden Handschrift in seinen Gemälden.

Nach 1660 entwickelte er eine vorher ungebräuchliche Abkürzung des technischen Verfahrens, die sich aus der Malgewohnheit des nun 60jährigen Künstlers erklärt. Die Pinselführung wird locker und offener aus der Handhabung nach jahrzehntelanger Erfahrung. Sie wird großzügig (wörtlich genommen), aber nicht skizzenhaft oder nachlässig. Dabei sind die künstlerischen Reize nun verändert, aber doch wertfrei. Als Beispiel nennen wir die Abendlandschaft in Frankfurt (Abb. 113), bei der schon eine breite waagerechte Strichführung des Pinsels auffällt, dann auch die Winterlandschaft in London (Abb. 112) und die Feuersbrunst in Brüssel (Abb. 114). Die veränderte Technik, wie sie am Original sichtbar wird, läßt uns wissen, daß sich in Kopf und Hand das Alter bemerkbar macht.

Aert van der Neer hat in den 60er Jahren mehr Winterlandschaften gemalt als Nachtstücke; sie waren mehr gefragt, wurden besser bezahlt und kamen der neuen Farbgebung entgegen.

Aber rechte „Eisvergnügen" waren die „Wintertjes" bald nicht mehr. Die Staffagefiguren stehen oft groß und breit im Vordergrund. Sie nehmen fast ein Viertel der Bildhöhe ein und schauen selbstbewußt aus dem Bild heraus wie bei den älteren Meistern, bei A. van de Venne und H. Avercamp. Sie sind modisch gekleidet; die Kostüme werden sorgsam ausgeführt, die Schuhe, Strümpfe, Hüte, Kragen, die übrigens Aufschluß zur Datierung geben. Sonst machte die Staffage bei van der Neer eher einen bescheidenen Eindruck: Die Leute hielten sich im Mittelgrund auf und gingen auf den Nachtstücken oft bildeinwärts. Auch auf den Winterbildern waren sie kaum individualisiert; sie hatten ein anderes Verhältnis zur Landschaft. Jetzt aber tritt das Anekdotische hervor; wir befinden uns in der Spätzeit der holländischen Malerei.

Sonderbarerweise werden dann einige Themen wieder aufgenommen, die 20 Jahre lang geruht hatten, und formale Umstände treten wieder auf, die ebenso vergessen schienen: Es gibt wieder treu dargestellte Stadtansichten.

Während in den 50ern die Mondscheinlandschaften und die Winterbilder höchstwahrscheinlich nur selten topographisch genau wiedergegeben wurden, auch wenn einmal der bekannte Kirchturm oder ein berühmtes altes Tor der schönen Städte vorkommen sollte[142], verhält es sich mit den späten Stadtansichten anders. In den frühen 40ern hatten sie zur perspektivischen Konstruktion eingeladen, in den

---

[142] Als van der Neer in der Kalverstraat wohnte, war wenige Häuser weiter der berühmte Verlag Cl. J. Visscher, in dem holländische Prospekte gedruckt wurden.

60ern werden sie vorzugsweise mit dem Eisvergnügen zusammen dargestellt; sie kommen den Käufern entgegen, die im Gemälde ihre Stadt wiedererkennen wollen.

Dann zeigt sich noch einmal die Liebe zu den alten raumfüllenden Bäumen an den Dorfstraßen, von denen wir zwei Bilder kennen.

Außerdem ließ die Qualität allmählich nach. Das hatte vielerlei Ursachen; sicherlich lag es auch an den besonderen Umständen, die in jenem Zeitraum das Schicksal des Künstlers mitbestimmt haben[143].

Schon die Wende vom 5. zum 6. Jahrzehnt war durch persönliche und familiäre Ereignisse beeinträchtigt, die auf seine Kunst schließlich nicht ohne Einfluß bleiben konnten. Im Jahre 1658 hatte er eine Weinwirtschaft gepachtet, wovon schon berichtet wurde. Aber dort erfüllten sich die Erwartungen nicht; es kam 1662 zum Konkurs und zum Verlust seines persönlichen Eigentums, worüber das Inventar Auskunft gibt. Von da ab hat van der Neer in Armut gelebt. Es ging jetzt hart um den Broterwerb.

Aber das war nicht alles. In dieser Zeit verlor er seine Frau durch den Tod; und wenige Jahre später, 1665, starb der Sohn Jan. Aert blieb vereinsamt zurück.

Künstlerische Enttäuschungen, wirtschaftlicher Niedergang, Verlust der nächsten Angehörigen und eine allgemeine Wendung des Kunstgeschmacks, die seiner Art widerstrebte – das alles hat sein Leben und Schaffen beeinträchtigt –, und das im puritanischen Holland, in dem der geschäftliche Erfolg als ein Zeichen himmlischer Gnade verstanden wurde.

Diese mißlichen Umstände und das zunehmende Alter mit den unvermeidlichen Ermüdungserscheinungen haben im Laufe der 60er Jahre auch zu Flüchtigkeit und Nachlässigkeit in der Herstellung seiner Bilder geführt.

Das alte Muster wurde oft nur wenig verändert wiederholt und schnell ausgeführt, um der Not zu steuern. Bode sagt, der Künstler sei nach dem geschäftlichen Zusammenbruch gezwungen gewesen, aus dem erworbenen Schatz seiner Vorstellungen für den Verkauf zu arbeiten, und die Landschaften seien damals zu Dutzenden in kurzer Zeit fabriziert worden[144]. Dazu wollen wir doch zwei Umstände anführen, die bisher nicht beachtet wurden, die aber die Zahl der unerfreulichen Zuschreibungen vergrößert haben. Das sind einmal die vielen Fälschungen und Nachahmungen, die z. T. noch heute für echt gehalten werden, und andermal die Mitwirkung des Sohnes Jan.

Wir haben schon aus dem 17. Jahrhundert Nachrichten über Kopien nach Gemälden des van der Neer[145]; die große Zeit der Fälschungen war dann das 18. und 19. Jahrhundert. Dabei ging es meistens um einen besonderen Typ der Mondscheinlandschaften, auf den wir schon hingewiesen haben.

143) Wir wiederholen einiges aus dem Lebenslauf, weil sich hier ein enger Zusammenhang zwischen Leben und Kunstschaffen erkennen läßt.
144) Bode, Graphische Künste 1889, Bd. XII S. 84 ff.
145) A. Bredius, Künstlerinventare, den Haag 1915 S. 91

DER SOHN JAN

Wir schreiben der Mitarbeit des Sohnes Jan eine Anzahl schwacher Bilder zu.

Er war 1637 geboren und kann seit Mitte der 50er Jahre in der Werkstatt des Vaters geholfen haben. Bei seiner Vermählung 1662 wird sein Beruf als Maler angegeben. Uns sind zwei Bilder bekannt, die mit seinem Monogramm bezeichnet sind. Das frühere, eine Mondscheinlandschaft in Schwerin, wird von Bode ungünstig beurteilt. Er sagt, es sei maniert und unkünstlerisch, der warme Ton sei auffallend hell, die Zeichnung und Komposition nicht nach der Natur, sondern dem alten Aert van der Neer abgesehen[146].

Auch das spätere Bild des Jan ist eine Mondscheinlandschaft. Hofstede de Groot lobt sie; er hat sie dem Aert zugeschrieben und als Nr. 263 ins Werkverzeichnis aufgenommen. Das Bild ist mangelhaft gezeichnet, ungeschickt komponiert und schwächer als das vorher. Die bekannten Gegenstände der Landschaft sind vollzählig vorhanden, aber Jan erweist sich als ein wenig begabter Sohn eines großen Vaters.

Schlimmer als die selbständige Tätigkeit auf den Bildern mit seinem Monogramm erscheint uns die Mitarbeit in der Werkstatt des Vaters, weil sie doch wohl umfangreicher war und weil sie sich schwerer abgrenzen läßt. Es gibt einige wenig ansprechende Nachtstücke aus der Umgebung des Aert mit stark vereinfachtem Wolkenhimmel mit massigen Haufenwolken, mit undurchdringlichen schwarzen Schattenlagen und anderen Mängeln. Sie tragen fatalerweise das Monogramm des Aert, das hier die Werkstatt, nicht die Meisterhand bezeichnet.

Solche Bilder befinden sich meistens in Privatbesitz und gehen im Kunsthandel um, aber es gibt sie auch in den Depots unserer Galerien.

Ob van der Neer in der Zeit gemalt hat, als er den Weinschank betrieb, kann hier nicht entschieden werden. Hofstede de Groot versichert in der Einleitung zum Werkverzeichnis, daß sich ohne Schwierigkeiten die Bilder mit Staffagen in später Tracht (nach 1662 also) von denen vor 1658 trennen lassen. Hätte er uns doch diese Arbeit abgenommen!

Die Spezialistinnen sagen, daß van der Neer nicht besonders modisch kostümiert hat; er war dem letzten Schrei um einige Zeit hinterher. Es kommt auch vor, daß er ältere und neuere Kleider nebeneinander abbildet – den Ausschlag bei der Datierung geben dann die modernsten. Er hat auch einige Male altmodische Kleider bevorzugt. Aber von der Staffage der Eisvergnügen erwartete man allgemein, daß sie abwechslungsreich sei, bunt, lehrreich und von sozialer Vielfalt, so forderte es auch die Tradition. Er mußte sich also bequemen, neben dem einfachen bäuerli-

---

[146] Bode, Graphische Künste 1889, Bd. XII S. 85

chen Menschen, den er echt und wahr dargestellt hat, auch einige herausgeputzte Personen anzubringen. Gerade nur die sind für die Datierung wichtig.

Wir halten uns für die 60er Jahre an zwei modische Einzelheiten, die leicht zu erkennen sind und die einige von unseren Entscheidungen erklären, an die „Kravatte" und an das „Rheingrafenkostüm"[147].

Wir können den Zeitpunkt ungefähr bestimmen, an dem sich eine Wende in der Kunst des van der Neer vollzogen hat; wir orientieren uns an jenen Winterlandschaften, die sich mit der Kostümdatierung einordnen lassen. Es war nach dem prächtigen Bild in Basel (Abb. 100) aus den frühen und vor dem Winterbild in Bremen (Abb. 117) aus den späten 60er Jahren. Es gelingen noch große Würfe in diesem Zeitraum; und es ist das Beste, was wir hier vorstellen.

DER ALTERSSTIL

Auch die letzten Landschaften, die wir dem Altersstil zurechnen, sind manchmal noch streng komponiert, manchmal aber auch überfüllt, und dann nimmt die durch überhöhte Lichtgegensätze hervorgerufene Unruhe weiter zu.

Besonders auffällig ist noch ein plötzlicher Wandel in der Farbgebung. Er zeigt sich in der Beimischung mit Schwarz, dessen Ausfällen seinerzeit zum Höhepunkt der Nachtstücke beigetragen hatte – hier eigentlich ohne Not, denn es sind oft Winterlandschaften, die die Eintrübung zeigen. Die Farbe verliert an Anmut und Wärme. Man könnte zunächst an eine Rückwendung in die Zeit des Rafael Camphuysen denken[148], aber es ist wohl ein Zeichen eines allgemeinen Stilwandels, weil die Erscheinung auch bei einigen anderen Künstlern dieser Zeit gefunden werden kann, bei Salomon van Ruysdael, bei Pieter de Hooch nach seiner Übersiedlung nach Amsterdam und auch auf den späten Bildern des Vermeer van Delft.

---

[147] Erst nach 1660 kommt in Holland eine Halsbinde auf, die deutlich vorn am Männerkragen an ihren beiden gleichlangen dünnen Enden erkennbar wird. Das Datum ihres Auftretens hängt mit politischen Umständen zusammen; sie soll von den kroatischen Soldaten (kravatt von kroat) eingeführt worden sein. Wir begegnen ihr auf dem Winterbild in Braunschweig (Abb. 115) und auf der Dorflandschaft in Paris (Abb. 96) u.a.m. Auch das „Rheingrafenkostüm" tritt erst nach 1660 in Holland auf. Es gibt einen bestimmten gesellschaftlichen Anlaß, bei dem es der Rheingraf von Salm als holländischer Gesandter in Paris am Hofe in den Haag das erste Mal getragen hat (terminus post quem). Das auffälligste Kennzeichen sind die Hosen, die unten so weit werden, daß sie einem Rocke ähnlich sind.
Wir nennen als Beispiele das Winterbild (Abb. 107), auf dem jener Herr mit dem Golfschläger das sonderbare Kleidungsstück trägt, und auch den sich vorbeugenden Herrn auf der Dorflandschaft mit dem Jäger (Abb. 34), der zu einem Irrtum Anlaß gegeben hat: Diese Staffagefiguren sind später von anderer Hand eingefügt worden; nach ihnen kann nicht datiert werden.
In besonderen Fällen folgen wir den Auskünften von Frau C. de Bruyn und Frau A. de Goede im RKD in den Haag. Ohne ihre Mitarbeit wäre eine zeitliche Ordnung der undatierten Werke nicht möglich gewesen.

127

[148] Vgl. FB. Camphuysen S. 28

Abb. 96 „MONDSCHEINLANDSCHAFT MIT EINEM WEG DURCH EIN DORF"
(HdG 250, L., 68 x 61 cm) in Paris (Louvre) und

„MONDSCHEINLANDSCHAFT MIT EINER DORFSTRASSE"
(HdG 381, L., 61 x 63 cm) ehem. Slg. Stroefer.

Die alte Liebe zu den raumschaffenden Laubbäumen im Halbdunkel ist noch immer lebendig und hilft zur nächtlich-feierlichen Stimmung. Es ist eine Erinnerung an die großen flämischen Eichen, die die Landschaften seiner frühen Zeit ausgefüllt haben – nun in einer gelösten, ungezwungenen Form. Dem Wasserspiegel bleibt ein ungewöhnlich knapper Raum – ein Aufglänzen im Dorfteiche.

Die beiden Gemälde sind sich in der Anlage sehr ähnlich. Die „Dorfstraße" hatte Bredius damals in der Slg. Thieme in Leipzig zu überschwenglichen Worten begeistert:

„Zwar etwas dunkel und schwarz, ist dieses Bild doch von einer großartigen Wirkung durch den fein beobachteten und meisterhaft wiedergegebenen Mondschein; dabei ist die Landschaft an und für sich ein Meisterstück. Es liegt eine große Poesie in dieser Mondscheinlandschaft; welch eine friedliche, feierliche Stimmung[149].

Was die Entstehung anbetrifft, so denkt man zuerst an eine frühere Zeit, aber einer der Herren auf dem Bilde im Louvre trägt jene „Kravatte", so daß wir die frühen Jahre der 60er in Betracht ziehen.

Abb. 97 „STADTGRACHT IM MONDSCHEIN"
(HdG 256, L., 82 x 100 cm) in Raleigh (North Carolina Museum)

Neben der dörflichen Straße eine städtische. Man hat an Gorkum gedacht, und der Kirchturm ist auch der von St. Jans in Gorkum, sonst ist es eine Gracht mit vornehmen Amsterdamer Häusern. Das klare Gegenlicht des Vollmondes zeigt das ungewöhnliche Gemälde in seiner ganzen Schönheit.

Die Genreszene links stellt einen Viehhandel dar; und die Magd mit einer Kerze in der Hand bringt eine schwache zweite Lichtquelle ins Treffen. Zur Datierung: Angeblich sind die Kostüme aus verschiedenen Zeiten auf dem Bilde; den

[149] Ztschr. f. bild. Kunst 1890, S. 189 ff.

Abb. 113   Abendlandschaft mit einem breiten Kanal

Ausschlag gibt das letzte; da hilft uns das Paar in der Bildmitte: Der Männerkragen ist aus den frühen 60er Jahren.

„DER AUFGEHENDE MOND"   Abb. 98
(HdG 358, L., 53 x 72 cm) Privatbesitz.

Das erst kürzlich wieder aufgetauchte Gemälde gehört zu den Hauptwerken des Künstlers.

Der sehr weite Winkel, in dem sich die Flußufer in der Ferne begegnen, und der in ruhigen Umrissen zusammengefaßte Baumschlag ähneln der Abendlandschaft in Frankfurt (Abb. 113). Das hervorragende Werk faßt noch einmal alle Schönheiten der Nachtlandschaften zusammen, den großen Auftritt des Mondlichtes, die glückliche Hell-Dunkel-Verteilung und die zahlreichen Kunstmittel, die unseren Blick dem Lichte entgegenführen. Wir schauen aus der Dunkelheit nach dem Hintergrund zu, dabei wird es immer heller wie bei einer künstlichen Lichtquelle, und das Erfreuliche des Lichtes teilt sich uns mit.

Das Gemälde wurde von J. G. Prestel (zwischen 1795 und 1806) in einem prächtigen großen Kupferstich (Aquatinta) vervielfältigt[149A]. Das Blatt ist zugleich eine geistreiche Interpretation, bei der das Licht als formendes Element im Bild gut zum Ausdruck gekommen ist.

„DER EINSAME ANGLER"   Abb. 99
(HdG –, H., 18,5 x 34 cm) Privatbesitz.

Die Komposition des breitformatigen Bildes verrät eine große Sicherheit und Erfahrung. Die wenigen geschickt verteilten senkrechten Akzente – Fischer – Segel – Turm – zeigen die Meisterhand des van der Neer. Das linke Ufer mit seinen friedlichen Haus- und Baumgruppen zieht sich weit herüber, und der Tiefenraum wird nur zögernd erschlossen.

Wir sehen noch einen letzten Strahl, den die eben untertauchende Abendsonne in der Nähe des Fluchtpunktes ausschickt, und wir erinnern uns an die frühe Weidelandschaft in Kassel – van der Neer kennt seine Stunde.

Im Vordergrund sitzt der Angler, vielleicht ein alter Mann, einsam am Ufer, der scheidenden Sonne gegenüber; wir dürfen eine Identität zwischen dem Künstler und seinem Werk vermuten.

131

149A) Vgl. FB. Landschaften S. 24 und Abb. 19

Abb. 100   „ZWEI STÄDTCHEN AN GEFRORENEM FLUSS MIT
                  GOLFSPIELERN UND EISLÄUFERN"
                  (HdG 539, H., 40 x 54 cm) in Basel (Kunstmuseum)

Die Winterlandschaft zeichnet sich durch ihre frohe Farbigkeit aus; sie ist ein liebenswürdiges, sehr heiteres Werk von hoher Qualität. Es ist noch die richtige Van-der-Neer-Komposition mit den schräg zulaufenden Ufern und dem hellen Oval der Eisfläche dazwischen; und auch die Wolken sind perspektivisch geordnet. Das Weiß des Schnees ist nur sparsam auf Erde und Dächer verteilt; das Goldgelb der Schilfhalme im Mittelgrund bestimmt den angenehmen Farbeindruck. Es ist ein Meisterwerk in Komposition und Farbgebung.

Aufschlußreich sind jene Staffagefiguren, die deutlich (mit durchgeführten Gesichtern) im Vordergrund schon ein wenig an späte Winterbilder erinnern. Sie sehen bäuerlich aus bis auf das vornehm gekleidete Paar rechts im Mittelgrund, das für die Datierung wichtig wird; die Dame trägt einen auf der Schulter aufliegenden Kragen, und die Haare hängen in den Hals, sie sind nicht hochgesteckt. Das sind Merkmale für die Mode um 1662–63.

Das Baseler Winterbild, ein datierbares Hauptwerk, gibt uns eine Vorstellung von der Kunst des van der Neer am Anfang der 60er Jahre.

Abb. 101   „WINTERLANDSCHAFT MIT DEN FISCHREUSEN"
                  (HdG 560, H., 26 x 35 cm) Privatbesitz.

In den späten 50er und den frühen 60er Jahren entsteht eine Reihe etwa gleich-großer Winterlandschaften im Abendlicht, deren zeichnerische Genauigkeit nicht immer auf der letzten Höhe ist, die sich aber durch Beleuchtung und Farbgebung auszeichnen.

Rechts am Horizont dieses Bildes zeigen sich rötliche Spuren der schon unter-gegangenen Sonne, und links oben an den Wolken leuchten noch rotbraune Töne auf, während das weiße Licht des Vollmondes, der sich gerade über den Horizont erhebt, eine breite Lichtstraße bis vor an den Vordergrund führt. Sie wird von der Staffage frei gehalten. Die ziemlich locker dargestellten Personen auf dem Eise ermöglichen mit zunehmendem Kleinerwerden und mit den perspektivisch geführten Ufern eine völlige Illusion der Raumtiefe.

132

„FLUSSLANDSCHAFT IM MONDSCHEIN"   Abb. 102
(HdG 312, H., 71,5 x 101,5 cm) im Kunsthandel[150].

In dieser Landschaft wird eine ältere Komposition mit dem im Mittelgrund
abbiegenden Flusse wieder aufgenommen und abgeändert. Der Augenabstand ist
größer geworden und die Farbgebung in der seit der Jahrhundertmitte beobachteten Weise aufgehellt[151]. An dieser Stelle steht das Gemälde, das wohl noch in den
50er Jahren entstanden ist, weil sich schon vorsichtig ein Rotanteil im Wolkenbild
bemerkbar macht, der dann in den beiden folgenden Gemälden breit und aggressiv
auftritt und den Farbeindruck bestimmt.

„SUMPFIGES GELÄNDE IM MONDSCHEIN"   Abb. 103
(HdG 414, L., 53,5 x 73,5 cm) im Kunsthandel[152].

Die Komposition zeigt einen weit fortgeschrittenen Typus, bei dem der Wasser-
lauf aus der Mitte des Hintergrundes kommt, aber bald seitlich abbiegt und noch im
Mittelgrund den Bildraum verläßt. In der Biegung des Flusses entfaltet sich der
Glanz des Gegenlichtes im Wasserspiegel, dort ist die hellste Stelle im Bilde.
Das Großartige ist die erfreuliche Helligkeit der Mondnacht und ihre Klarheit.
Aus der Landschaft sind die Schwarzanteile der Farben ausgefällt, ein Ockerton
beherrscht die Uferbreite, und ein Braunorange spielt an den prächtigen Cumulus-
wolken als letzter Schein der schon untergegangenen Sonne.
Im Gegensatz dazu steht das kühle Blaugrau und das Silbergrau des Wasser-
spiegels und die kräftigen Helldunkelabstufungen am Himmel.
Die besonderen Merkmale des Bildes deuten auf eine Entstehungszeit in den frühen 60er Jahren hin. Es ist ein Bild von hohem Rang.

„WINTERLANDSCHAFT MIT SCHLITTSCHUHLÄUFERN BEI   Abb. 104
SONNENUNTERGANG"
(HdG –, L., 98 x 126,5 cm) ehemals Slg. Thyssen[153].

Noch weiter ist der Standort des Betrachters nach der Seite verschoben, so daß
vom Flusse nur ein kurzer Bogen in der Bildecke sichtbar wird, gerade genug, um
den Glanz des Gegenlichtes auf der hellen Eisfläche wiederzugeben. Der Vordergrund ist mehr als sonst ausgedehnt und drängt energisch in die Raumtiefe, denn
deutlicher als bei den vorhergehenden Landschaften führen Gräben und Wege auf

133

---

[150] Das Gemälde stammt aus der Slg. Lilienfeld und befand sich 1980 in der Kunsthandlung Xaver Scheidwimmer in München.
[151] Vgl. die „Mondscheinlandschaft mit einem Kanal" HdG 161 in Berlin im Bode-Museum, ein dunkles,
hier nicht abgebildetes Nachtstück.
[152] 1981 in der Kunsthandlung Xaver Scheidwimmer in München
[153] Das Gemälde befindet sich im Besitze der Kunsthandlung S. Lodi in Campione d'Italia.

dem breiten Ufergelände in Richtung auf den Fluchtpunkt – ungewöhnlich in dieser Zeit!

Noch einmal bricht am weiten, raumbildenden Winterhimmel eine auffällige Farbe durch und macht das Bild zu einer aufregenden Erscheinung; ein Rot, großflächig und aggressiv, kommt es wie mit elementarer Gewalt durch die Wolkendecke – ein Höhepunkt in den 60er Jahren.

Einen Anhaltspunkt zur Datierung gibt der Herr links im Vordergrund, sein Mantel und sein Hut deuten auf die Mode um 1662.

Abb. 105 „HAFENANSICHT"
(FB. Zeichnungen VII. 92 x 153 mm) in den Haag (Königliche Bibliothek)[154]

Auf einem der beiden Blätter im Album Amicorum des Jacobus Heyblock finden wir diese vorzügliche Zeichnung. Die Komposition wird durch die Senkrechten und Waagerechten bestimmt wie oft bei Seestücken, wo die seitlichen Uferflanken fehlen.

Das Licht ist zerstreut; der Himmel, mit körniger Kreide angedeutet und verwischt, wirkt raumvertiefend und atmosphärisch. Vermutlich handelt es sich bei der Darstellung um eine damals den Amsterdamern wohlbekannte Stelle am IJ, von der aus man das Kommen und Gehen der Schiffe beobachten konnte. Auf Prospektstichen von Amsterdam kommen solch einfache Blockhäuser und die Pfahlabsperrung häufig vor.

Es wird zugleich mit der Zeichnung Abb. 106 und dem Gemälde Abb. 107 entstanden sein, das Anhaltspunkte zur Datierung gibt.

Abb. 106 „GRACHT UND MONTALBAANSTURM IM WINTER"
(FB.Zeichnungen VIII, 92 x 153 mm) in den Haag (Königliche Bibliothek) und

Abb. 107 „DIE ALTE SCHANZE MIT DEM MONTALBAANSTURM IM WINTER"
(HdG 9 A, L., 41 x 57 cm) privat in England.

Wir treffen nach vielen Jahren wieder auf genau dargestellte Stadtansichten. Das Gemälde und die Zeichnung stellen jene Gegend in Amsterdam dar, wie sie damals ausgesehen hat und oft dargestellt worden ist. Wir blicken stadteinwärts auf die

134

---

[154] Vgl. FB. Zeichnungen S. 24 und 25

zugefrorene Gracht. Die Komposition folgt der bekannten Anlage, und der schöne Turm, zu dem sich quer eine hölzerne Brücke hereinschiebt, ragt dicht neben dem Fluchtpunkt auf (ein Merkmal späterer Bilder).

Die Farben des Gemäldes sind gewählt. Rötlichbraun ist der Stein der Häuser neben der Eisfläche, die das Himmelslicht reflektiert, und am farbenreichen Himmel selbst hellgrau-gelbe neben dunkleren bräunlichen Wolken; und manchmal schaut ein Stück Hellblau durch: ein ansprechendes spätes Gemälde!

Es ist von eigenartigem Reiz, das ernste Bild mit der kleinen Zeichnung zu vergleichen, in der der helle Wintertag auflebt. Das Licht- und Schattenspiel erzwingt bei diesen kleinen Figürchen eine geistreiche Abstraktion: es gibt keine geschlossenen Umrisse; nach der Lichtseite hin bleibt die Kontur streckenweise offen. Die Personen scheinen sich fröhlich auf dem Eise zu bewegen wie ad vivum gemacht. Dem Blatte aus dem Album Amicorum kommt ein hoher Rang zu.

Auf dem Gemälde ist ein Herr mit dem Golfschläger dargestellt, der das Rheingrafenkostüm trägt. Wir nehmen eine Entstehungszeit vor der Mitte des Jahrzehnts für die im zeitlichen Zusammenhang entstandenen Kunstwerke an.

„WINTERLANDSCHAFT MIT BLOCKHÜTTE"
(HdG –, H., 57 x 84 cm) Privatbesitz.

Abb. 108

Die kleine winterliche Ortschaft mit vielen entzückenden Einzelheiten wird von verschiedenen Flußarmen unterteilt und umschlossen, auf deren Eise sich Schlittschuhläufer und Golfspieler bewegen; und erst weit im Hintergrunde rechts sieht man noch einen Wasserlauf in die Ferne streben. Aber im Mittelgrund steht eine grobe Hütte gerade vor dem Fluchtpunkt; dort wird Nah und Fern mit allen Kunstmitteln unterschieden, um eine drastische Raumillusion zu erzwingen. Es ist sicher, daß das eben die besondere Absicht bei der merkwürdigen und seltenen Komposition gewesen ist – eine letzte Abwandlung der bekannten Anlage.

Die kompositionelle Eigenart weist auf eine späte Entstehungszeit hin; und das wird auch von der Kleidung eines Golfspielers bestätigt, der das Rheingrafenkostüm trägt.

Daneben ist es die farbige Ausstattung, die das Gemälde besonders anziehend macht.

Abb. 109 „AM DORFTEICH"
(gilt jetzt als FB. Zeichnungen Nr. XI. 171 x 267 mm)
in Leningrad (Eremitage Inv. Nr. 2992)
Pinsel mit Lavierung; monogrammiert r. u.

Die temperamentvolle Zeichnung zeigt eine Dorflandschaft. Die offene Mitte
nimmt ein ovalförmiger Teich ein, und Haus- und Baumgruppen schließen im
Hintergrund ab. Ganz rechts sieht man eine Hütte mit überragenden Bäumen und
im Vordergrund dunkle Pfähle und Zaunbretter und einen sitzenden Mann. Die
Wolkendarstellung ähnelt der auf der folgenden Zeichnung; sonst kommt das Blatt
dem FB. II nahe. Es ist vermutlich später entstanden. Die sicher komponierte Groß-
form mit breitflächiger Lavierung zeigt die technische Erfahrung des Künstlers. Die
Zeichnung war lange unbekannt und wurde erst 1972 in einem Ausstellungskatalog
von J. Kusznetsow veröffentlicht[155].

Abb. 110 „DIE STADT IN DER FERNE"
(gilt jetzt als FB. Zeichnungen Nr. XII. 221 x 185 mm)
in Wien (Albertina Inv. Nr. 8385)
Pinsel mit Tusche; nicht bezeichnet.

Das überaus zarte Blatt hat eine überzeugende Lichtperspektive. Es stellt eine
weite holländische Landschaft im Hochformat dar. Links vorn drängt dunkles
Buschwerk den Mittelgrund zurück; dann öffnet sich eine breite Ebene mit Wiesen,
Wegen und Wasserlauf, und auch da liegt ein ovalförmiger Teich. Rechts erhöht
steht ein Bauernhof unter hohen Bäumen, und im Hintergrund erstreckt sich eine
Stadt mit gestaffelten Häusern, mit Türmen und einer Windmühle. Am hohen
Himmel verbindet ein weites Wolkenband aus zarter Pinselspur den Vordergrund
mit dem Hintergrund und den Himmel mit der Erde; die Struktur ist kalligraphisch
fein und geistreich, fast pittoresk.
Das Blatt stammt aus der Sammlung des Herzogs Albert von Sachsen-Teschen.
Es wurde zuerst dem A. Cuyp zugeschrieben, seit 1895 als von van der Neer erkannt.
Es ist blaß wie kein anderes und kommt dem Blatte FB. VII am nächsten. (Da
es jahrelang auf Reisen war, konnte sich der Verfasser erst später von der Echtheit
überzeugen.)
Diese beiden vorzüglichen Zeichnungen sind in hohem Maße komponiert.
Dabei ist es auffällig, daß die Merkmale der perspektivischen Richtungslandschaft
(besonders auf dem zweiten Blatte) zurücktreten. Wenn wir bedenken, wie sehr die

136

---

[155] J. Kusznetsow, Katalog zur Ausstellung holländischer Zeichnungen des 17. Jahrhunderts in Brüssel,
Rotterdam, Paris 1972-73

Zeichnungen den ausgeführten Gemälden voraus sind[156], dann lassen uns die Blätter ahnen, wohin die künstlerische Absicht des van der Neer geführt hätte, wenn ihm in den 60er Jahren noch eine freie Entfaltung möglich gewesen wäre.

(Die beiden hier abgebildeten Zeichnungen gelten gleichzeitig als Ergänzung zu dem Werkverzeichnis FB. Zeichnungen 1972. Vgl. hier den Text Seite 100 ff.)

„FLUSSLANDSCHAFT MIT EINER STADT"
(HdG 140 und 618, L., 77,5 x 104 cm) in Cincinnati (Taft Museum)

Abb. 111

Ein spätes Bild von hoher Qualität, aber ein ungewöhnliches, auf dem sich die fortschreitende Auflösung der alten Komposition in den 60er Jahren deutlich erkennen läßt.

Der genau durchgeführte Vordergrund erinnert mit den großen Krautblättern an Jan Wijnants; und die von einem Zaun abgetrennten mittleren Bildteile sind „weich und vertrieben" gegeben, wie E. Plietzsch von Wijnants sagt. Es herrscht Seitenlicht. Der Fluß läuft quer durch die Landschaft; und der Hintergrund wird von einer Hügelkette abgeschlossen. Noch immer grenzen die hohen Randbäume die Landschaft seitlich ab.

Die Farben zeigen einen allgemeinen Einfluß der Italisanten. W. Stechows Notiz zu diesem Gemälde, das er selbst gesehen hat: „Rubenstyp, fett, starkfarbig mit blau-rosa Ferne"[157]. Das ungewöhnlich helle Bild ist in der gleichen Zeit wie die Zeichnung FB. XII (Abb. 110) entstanden.

Hier stellen wir drei Werke vor, auf denen sich eine andere Technik der Pinselführung eingestellt hat.

„EISVERGNÜGEN AUF EINEM ZUGEFRORENEN KANAL"
(HdG 502, H., 25,5 x 39,3 cm) in London (National Gallery)

Abb. 112

Das Bild hat eine lockere offene Struktur. Das zeigt sich besonders deutlich, wie das Weiß der Schneehäufchen im Vordergrund sicher und leicht aufgesetzt wird; es ist „leicht von der Hand gegangen". Dazu kommt die eigentümliche Farbhaltung: Das Braunorange an den Hauswänden und den großen Haufenwolken, als wenn gerade die Abendsonne noch einmal breit aufleuchtet und die Landschaft verklärt. Freilich ist die Komposition eine Wiederaufnahme älterer Anlagen, und das hat wohl zu der abweichenden Datierung bei MacLaren Anlaß gegeben, aber schließlich muß das späteste der Merkmale für die Datierung entscheidend sein[158].

137

---

156) Vgl. FB. Landschaften S. 59
157) Briefliche Mitteilung
158) Im Katalog der Nat. Gallery in London nimmt Neil MacLaren die Mitte der 40er als Entstehungszeit an; Stechow (a. a. O.) dagegen „etwa 1662–65". (Er hält sich dabei an das Bild HdG 575, aber dessen Datum (1662) ist falsch gewesen, es ging bei der Reinigung ab.) Wir halten eine Entstehungszeit um die Mitte der 60er Jahre für wahrscheinlich.

Abb. 113 „ABENDLANDSCHAFT MIT EINEM BREITEN KANAL"
(HdG 33, H., 20 x 34 cm) in Frankfurt (Städelsche Kunstslg.)

Noch haben wir den breiten Fluß, der sich perspektivisch verjüngend in den Hintergrund zieht, und die Flanken aus Häusern und Bäumen; aber der Winkel, in dem die Ufer zusammenstreben, ist sehr groß und die Vordergrundbühne auffällig breit. Der Baumschlag wird oben abgerundet, fast wie bei den Kugelbäumen Elsheimers; die ganz geschlossene Baumgruppe am rechten Ufer wirkt ernst, das Gemälde selbst melancholisch.

Die breiten waagerechten Pinselstriche dicht unter der Bildmitte gehen großzügig über den Himmel hinweg und bleiben unvertrieben nebeneinander stehen; so hat das kleine Bild einen Zug ins Großartige; wir erkennen die überlegene Form des erfahrenen Meisters.

Das Licht selbst, Gegenlicht, bleibt trüb und gedrückt. Die Farben sind selten; zunächst herrschen Dunkelbraun und Orange vor, dann kommen Blaugrau, Graurosa und Steinrot dazu und das pastos gegebene Weiß der untergehenden Sonne, alles eingebettet in das Dämmerlicht des fallenden Abends. Das sind Farben der späteren Zeit.

Vorn steht ein Fischer – wie es scheint – in gedrückter Haltung, aber er spiegelt nicht die tatsächliche Stimmung der Landschaft wider, sondern er trägt eigentlich ein schweres beutelförmiges Handnetz (einen Stielhamen) über der Schulter, was seine Haltung verständlich macht; das wurde hier übermalt[159]. Es gibt eine ältere Federzeichnung nach dem Gemälde, auf der das Handnetz noch zu sehen ist[160].

Abb. 114 „FEUERSBRUNST IN EINER STADT"
(HdG 452, H., 17 x 24 cm) in Brüssel (Königliches Museum der Schönen Künste)

Auf dem kleinen Bilde ist die Malweise noch offener. Es ist trotzdem überall geistreich gezeichnet und auch in den dunklen Stellen deutlich. Am unteren Teil des Himmels heben sich waagrecht geführte Wolkenzüge in Form und Farbe ab von den Rauchwolken über der Stadt.

Während in den beiden vorhergehenden Gemälden die steigenden Fluchtlinien noch immer den Aufbau bestimmen – in Frankfurt schon weit abgeschwächt –, deutet hier die waagerechte Bildgliederung auf die ganz späte „Feuersbrunst" in Schwerin hin.

Rechts blinken die Spuren des Feuerlichtes am Wasser auf. Die Farben sind

138

---

[159] Hier läßt sich eine gemeinsame Stimmung zwischen dem Künstler und seinem Werk vermuten.
[160] Abb. bei W. Bernt, Die niederländischen Zeichner, 1. Auflage 1958, Nr. 430
Die Zeichnung selbst ist nicht von van der Neer, vgl. FB. Zeichnungen S. 33

schwarzbraun, gelb und rötlich; das Ganze wirkt frisch und unmittelbar.

Man hat in dem Bilde Dordrecht erkennen wollen. W. von Bode hat die kleine Tafel eine Skizze genannt.

„EISVERGNÜGEN AUF EINEM DORFKANAL"   Abb. 115
(HdG 491, L., 98 x 130 cm) in Braunschweig
(Herzog Anton Ulrich-Museum)

Bei dem verhältnismäßig großen Bild ist der Tiefenzug auf ein schmales Stück des Hintergrundes beschränkt und stark abgeschwächt. Nicht nur die Staffage, sondern auch die landschaftlichen Elemente halten das Interesse in der Bildmitte fest. Links im Mittelgrund schiebt sich eine ungewöhnlich große Gebäudegruppe wie ein Riegel bildparallel herein, wodurch der Hintergrund vom Mittelgrund abgetrennt wird, ein besonderes Zeichen der späteren Zeit. Auch die breite, vom Mittelgrund abgesetzte Vordergrundbühne ist deutlich begrenzt. Dort liegt noch immer das altbekannte Allerlei herum, und dort stehen die kräftigen Figuren in kleinen Gruppen zusammen, abwechslungsreich, gut individualisiert und nicht ohne novellistisches Interesse.

Ein Höhepunkt ist die Farbgebung. Überall strahlen Altrosa, Türkis und Blau nebeneinander am hohen Himmel als dem eigentlichen Schauplatz der Farben. Sie durchdringen das ganze Bild, so daß alles, was am Himmel leuchtet, auf dem Schnee und auf dem Eise zart reflektiert wird und in der bunten Kleidung der Staffagefiguren noch einmal verdichtet und dunkler wiederkehrt. Dazwischen schweben Weiß und Hellgrau, und weit im Hintergrund geht alles in Violett über, ein großartiges Beispiel für das „farbentragende Licht".

Als Entstehungszeit des bedeutenden Bildes müssen wir die mittleren 60er Jahre annehmen, worauf die Kostüme hinweisen.

„NÄCHTLICHE FLUSSLANDSCHAFT"   Abb. 116
(HdG 357, L., 59 x 71 cm) Privatbesitz[161].

Dieses Bild fällt durch hervorgehobene Hell-Dunkel-Gegensätze auf. Das ist kein mildes Licht in der Stille der monddurchglänzten Zaubernacht, sondern ein unruhiges Flackern und Irrlichtelieren, und nicht nur am ausgedehnten Wolkenhimmel, sondern auch da, wo der helle Giebel von der zweiten Lichtquelle angestrahlt wird und aus dem Tiefdunkel der Dorfszene aufragt. Das Licht fördert hier den räumlichen Zusammenhang nicht, es zerteilt, weil es an allen Ecken aufglänzt; und die

[161] 1967 in der Kunsthandlung H. M. Cramer in den Haag

überhöhten Kontraste lassen an künstliche Beleuchtungseffekte denken.

Trotzdem besticht das Gemälde durch seine aufregende, fast unwirkliche Erscheinung.

Abb. 117   „GOLFSPIELER AUF DEM EIS"
                                    (HdG 490, L., 47 x 59 cm) in Bremen (Kunsthalle)

Bei dem Winterbilde in Bremen wird der Blick im Vordergrund festgehalten, wo eine Anzahl großer Staffagefiguren in dunkler Kleidung dicht zusammensteht und den Bildaufbau bestimmt.

Die Staffage dient hier nicht der Tiefenillusion, sie tritt in barocker Breite genrehaft hervor. Auffällig ist die Größe der Personen, ein Umstand, den auch Bredius auf dem Bilde im Brakke Grond hervorhebt (vgl. S. 143). Scheinbar folgen sie dem Golfspiel, aber sie stellen sich zunächst zur Schau wie sonst nicht bei van der Neer. Die Physiognomien sind im einzelnen durchgeführt wie auf einem Genrebild, während die Landschaft zurücktritt. Der Tiefenzug ist merklich abgeschwächt; es entsteht eine mehr waagerechte Anordnung mit gemildertem Raumeffekt, und die altbekannten Kunstmittel (Fluchtlinien, Überschneidungen, Repoussoirs usw.) bleiben unerheblich.

Für die Entstehungszeit geben die gut ausgeführten modischen Kostüme einen weiteren Anhaltspunkt. Die sehr kurzen Rockärmel an den Männerjacken lassen einen Teil der unten mit Spitzen besetzten Hemdärmel herausschauen, die Oberärmel selbst sind aufgeschlitzt, so daß auch da das Weiß des Hemdes sichtbar wird. Das alles und auch die Form der Hüte deuten auf die letzten 60er Jahre hin[162].

Das Gemälde ist leider nicht gut erhalten, am Himmel wurde mancherlei ausgebessert; aber wir haben noch einen Eindruck von der alten Pracht: Über dem Grau mischt sich ein frostiges Rosa der untergehenden Sonne mit gebrochenem Gelbweiß; bräunlichgraue Wolkenstreifen schieben sich heran, und darüber öffnet sich der Abendhimmel noch einmal in fein abgestimmtem Blau.

Abb. 118   „FISCHFANG BEI MONDSCHEIN"
                                    (bei HdG: „Breiter, mit Schiffen besetzter Fluß im Mondschein")
                                    (HdG 369, L., 66 x 85 cm) in Wien (Kunsthistorisches Museum).

In den späten 60ern entstehen einige Seebilder, eigenartig hell und farbig für Nachtstücke; Ankernächte, die sich ähnlich sind, doch verschieden von jenen Seestücken aus der Mitte der 50er Jahre. Tatsächlich sind es fast zu viele Schiffe und

---

162) Vgl. der Kinderen-Besier a. a. O. S. 210

Boote, aber auch sonst noch vielerlei, was das Auge beschäftigt. Von der perspektivischen Anlage ist nur noch wenig geblieben, alles ordnet sich waagerecht: Zäune, Gitter, Netze, Boote und auch die Wolken, und weder die Komposition noch das Mondlicht können zusammenfassen, was alles vereinzelt sich darstellt und ins Breite verläuft.

Noch fesseln vorzüglich gemalte Einzelheiten, besonders rechts unten die Gruppe im Boot in kostbaren Kostümen mit ungewöhnlichen Farben (Blau und Gelb!) – und ein Schleier hängt ins Wasser; und auch der dekorative Wolkenhimmel zeigt sich mit seinen Lichtsäumen im besten Gegenlicht, aber es fehlt ein Zusammenhang, und der blasse Mond kann nichts erzwingen.

Von den alten Farben ist nur wenig noch da, die neuen freilich bestechen. Es gibt einen seltenen Abglanz, wenn Dunkeloliv, Blaugrau und Lichtocker nebeneinander zur Geltung kommen; und dann die Feinheiten der Kostüme, das alles macht ein eigentümlich schönes Bild. Neben den beiden anderen Landschaften von van der Neer in Wien erkennt man es als ein spätes Werk des großen Meisters, dessen Kraft nachläßt. Auch nicht ohne Poesie!

Die dekorative Flächenhaftigkeit ist ein Zeichen des Altersstiles.

Eine farbige Abbildung befindet sich in dem Buche „Die Gemäldegalerie des Kunsthistorischen Museums in Wien" von V. Oberhammer, Wien 1959.

„HAFEN AM ABEND BEI MONDSCHEIN"
(HdG 601, L., 95 x 133 cm) in Mainz (Landesmuseum)

Dieses Bild ist fast doppelt so groß wie das Seestück in Wien; und die auflösenden Tendenzen, die wir dort angedeutet finden, treten verstärkt auf; durch das Nebeneinander der Motive wirkt es noch weniger konzentriert.

Die großen Schiffe im Hintergrund stören den Ablauf der Raumillusion. Der Gesamteindruck bleibt ungeordnet. Es ist noch später als das Bild in Wien entstanden.

„GROSSE FEUERSBRUNST IN EINER STADT" Abb. 119
(HdG 465, H., 46 x 69 cm) in Schwerin (Schloß)

Es ist eine Verbindung von Nacht, Wasser, Stadt und Brand. Der Fluß mit Booten und Kähnen verläuft bildparallel. Am jenseitigen Ufer erstreckt sich eine große reiche Stadt mit Kirchen und Stadttürmen; und die breite Brandstelle hellt das im ganzen dunkle Bild dort auf. Reflexe leuchten im Wasser, am gotischen Kirchturm, an den Häusern und Booten bis herüber zum anderen Ufer, wo aufgeschreckte Fischer dem Feuer zusehen, Bezugspersonen, die den wünschenswerten Zusammenhang zwischen uns und dem Bildvorgang herstellen, während wir das Ungewöhnliche und Schöne am Brandlicht aufnehmen.

Noch erweist sich van der Neer als Meister der Komposition. Anders als sonst bestimmen zwei Waagerechte den geordneten Bildraum (wie bei der Zeichnung [Abb. 105] im Album Amicorum); es sind die beiden Flußufer. Am diesseitigen liegt rechts ein Boot mit hohem Segel, am jenseitigen zeigen sich die Umrisse der Gebäude dunkel vor dem Feuerlicht, Zeichen der Ausgewogenheit.

Das Bild hat durch Übermalung gelitten und sieht jetzt arg fleckig aus; es ist schwer zu beurteilen. Nur der Feuerschein hebt sich in Rottönen aus der Dunkelheit ab. Aber dunkel ist es immer gewesen wie viele Werke aus den späten Jahren des Künstlers, und hier macht sich ganz deutlich wieder der Schwarzanteil in den Farben bemerkbar. Wir nehmen eine Entstehungszeit am Ende der 60er Jahre an.

Abb. 120   „WINTERLICHE ERHOLUNG AUF DEM EISE”
                            (HdG –, L., 59 x 74 cm).

Der Aufbau des Gemäldes ist wieder verhältnismäßig einfach. Der Horizont liegt hoch; zwischen altmodischen Randbäumen zeigt sich vorn der vereiste Fluß in seiner ganzen Breite, und im Hintergrund weit am rechten Bildrand erst wird der Tiefenzug sichtbar, fast wie auf der Abendlandschaft von 1643 in Gotha (Abb. 27), wo er das erste Mal auftritt. Darin ähnelt eines der letzten Bilder einem der frühen auch in der Komposition – eine Wiederaufnahme älterer Gestaltungsmerkmale.

Einige der vielen großen Staffagefiguren schauen sonderbarerweise aus dem Bilde heraus, so wie das schon auf dem Winterbild in Bremen der Fall war.

Wichtig sind die Kostüme, weil sie eine zuverlässige Datierung erlauben. Links der rechte der drei Herren trägt jene Kravatte; interessanter aber ist der Herr mit dem Stock rechts vorn. Die hohen Stiefel aus weichem Leder sind oben umgebogen; die Spitzenkrause (Jabot) am Halsausschnitt hängt weit nach unten und ist gefalbelt; und schließlich ist die Jacke auf Taille gearbeitet – wichtige Merkmale, die zusammenpassen. Wir finden denselben taillierten Überrock auf einem 1667 entstandenen Bilde des Adriaen van de Velde, auf dem er sich mit seiner Familie im Freien dargestellt hat[163]. Vermutlich hatte sich der Künstler nach der neuesten Mode gekleidet, als er sich porträtierte; tatsächlich trug man dieses Kostüm bis 1670 und darüber hinaus. So gibt das sonst nicht hervorragende Gemälde des van der Neer eine Vorstellung von einem späten Bild um 1670.

142

---

163) Das Gemälde des A. van de Velde ist im Reichsmuseum zu Amsterdam als Nr. C 248, bei HdG IV als Nr. 29. Vgl. auch der Kinderen-Besier a. a. O., Abb. 178 S. 206 und Text S. 195. Die Datierungsangaben sind den Damen C. de Bruyn und U. de Goede im RKD in den Haag zu danken.

„WINTERLANDSCHAFT AUS DEM „BRAKKE GROND"
(HdG –. Technische Daten und Verwahrort unbekannt)

Das letzte Gemälde des van der Neer, von dem wir Nachricht haben, ist selbst aus keiner Abbildung bekannt. Wir folgen dem Bericht des A. Bredius. Er beschreibt die Landschaft, der er um 1885 begegnet ist:

„Ich muß noch ein Gemälde des van der Neer erwähnen, das vor Jahren im Brakke Grond[164] zum Verkauf stand und nach dem ich vergeblich in meinem Katalog gesucht habe ... Es war eine große Winterlandschaft mit einer Kirche, mit besonders großer Staffage, eigenartig breit und kräftig in der Art des Rembrandt gemalt. Man hielt das Stück trotz des echten Monogramms damals nicht für echt; und es wurde für einen geringen Betrag verkauft. Meiner Meinung nach war das ein spätes, vielleicht das späteste Werk des van der Neer, die Art (Struktur) der Malerei war die eines Greises. Vielleicht kommt das Bild einmal wieder zum Vorschein; ich halte mich für weitere Mitteilungen bereit"[165].

Vieles aus dem Text paßt schon zu dem vorher beschriebenen Gemälde, wenn es das auch nicht selbst gewesen sein kann, denn vieles ist genau durchgeführt und zügig charakterisiert; das Werk eines Greises möchte man darin so sicher nicht erkennen, selbst wenn man die manchmal überschwengliche Art des A. Bredius in Rechnung stellt.

Wir erfahren von einem zuverlässigen Kenner der holländischen Malerei, wie er schon vor 100 Jahren den Altersstil des van der Neer beurteilt hat; und wir erfahren, daß der Künstler noch in den 70er Jahren, nachdem sich schon die altersbedingten Schwierigkeiten eingestellt hatten, umfangreiche Winterlandschaften geschaffen und das alte Thema und die alte Komposition wiederholt hat.

143

---

164) Das war der Hausname des alten Versteigerungslokales der Firma Fred Muller in Amsterdam.
165) Oud Holland XVIII. 1900, S. 81. Aus dem Holländischen übersetzt.

CHARAKTERBILD

Wir wissen wenig über van der Neer. Wir wollen uns vorsichtig über sein Wesen, seine Kunst und seine Lebensumstände Gedanken machen.

In der Öffentlichkeit ist er – wie es scheint – nicht sehr hervorgetreten. Es ist auffällig wenig, was A. Bredius in seinen Forschungen und H. Floerke in seinen Studien zur niederländischen Kunstgeschichte aus seinem langen Leben zu berichten wissen. Vielleicht blieb der Künstler gern im Hintergrund. Doch an der Malerei seiner Zeit hat er Anteil genommen. Hofstede de Groot zählt mehr als 15 Künstler auf, die seiner Meinung nach auf ihn Einfluß ausgeübt haben, und wir haben weitere Namen hinzugefügt.

Mit einem beschränkten Hinblick auf die Mondscheinlandschaften hat man sein Werk manchmal für eintönig gehalten, aber als Landschaftsmaler war er vielseitig. Er pflegte Nacht-, Abend- und Winterlandschaften, dann Branddarstellungen, seltener See- und Tierstücke und Straßenszenen; und außerdem hat er die Staffage auf seinen Bildern mit Taktgefühl und großem Geschick selbst eingefügt.

Er hat seine Hauptthemen hundertemal verändert und ihnen immer neue Seiten abgewonnen. Diese Mannigfaltigkeit zeigt seinen Eifer zur Gestaltung und seine Fähigkeit, zu erfinden und Erfahrung zu verwerten. Entschlossen hat er seine künstlerischen Pläne verwirklicht, hat schwere Entscheidungen getroffen und ein selbständiges Urteil gewagt. Er war dabei zu methodischer Strenge gegen sich selbst bereit.

Im Grunde genommen war er ein konservativer Mensch. Vermutlich sah er gern zu den Meistern der vorausgegangenen Generation zurück, und manches, was ihn ansprach, auch eben Veraltetes, hat er bis in die späten Jahre beibehalten, etwa die zentralperspektivische Darstellung der Ferne, die abschließenden Randbäume, die längst umgedeuteten Vanitassymbole und den modifizierten Einheitston. Aber das gehört zu seinem Bildtypus, der dem bestimmten Zeitgeist verbunden bleibt.

Andererseits strebte der Künstler vorurteilsfrei seiner eigentümlichen Bildform zu und hat seine persönliche Bildidee verwirklicht. Nur seine ernste Naturbeobachtung konnte die starre Komposition beleben, und nur seine künstlerische Kraft konnte die Landschaft vergeistigen.

Dabei hat er aufregend modern mit der Lichtdarstellung und der Farbe experimentiert und seine Vorstellung bis zu extremen Formulierungen verfolgt; er hat sich mit den Grenzfällen auseinandergesetzt, bis er seine unverwechselbare Form gefunden hatte. Eigenartig ist, daß er ungefähr zu gleicher Zeit Darstellungen geschaffen hat, die sich in vieler Beziehung unterscheiden. Das läßt sich oft, ganz sicher aber an den 1646 datierten Gemälden erkennen.

Es scheint, daß van der Neer in einer beinahe eigensinnigen Weise seine Bildformen selbst entwickelt hat, auch wenn der Fortgang anders einfacher und schneller zu erreichen gewesen wäre. Er hat nichts ungeprüft und letztlich doch wenig übernommen. Das erschwert den Versuch einer zeitlichen Anordnung, auf die aber nicht verzichtet werden konnte.

Die Datierung bei van der Neer – von jeher gescheut – hat hier viel Raum beansprucht, doch bleibt sie noch oft subjektiv und angreifbar, und es wäre bedauerlich, wenn ihr zu viel Gewicht beigemessen würde. Denn es geht darum, den Künstler in seiner Entfaltung und sein Werk in seiner Schönheit und seinem Stimmungsgehalt bekannt und verständlich zu machen.

Aert van der Neer hat keine „Schule gemacht". Doch das heißt nicht, daß sein Werk ohne Nachwirkungen geblieben wäre. Wir übergehen die wenigen Maler, die schon zu seinen Lebzeiten seine Bilder täuschend nachahmten (wie Gillis van Schendel) und auch andere, die auf die eigene Signatur verzichteten, um einen Irrtum nicht auszuschließen; auch sollen die Wintermaler des 19. Jahrhunderts nicht überschätzt werden, sie blieben an der Oberfläche.

Der vorhandene, aber selten hervortretende Einfluß, der von van der Neers Kunst ausgegangen ist, war sublim. Er hat sich auf verschiedene Weise in der englischen Landschaftsmalerei bei William Turner und in der deutschen Romantik bei Caspar David Friedrich ausgewirkt.

NAMENSVERZEICHNIS

BILDTEIL

Abb. 1 Gesellschaft am Kamin, dat. 1632

Abb. 2 Landschaft mit dem Bauernhof, dat. 1633

Abb. 3 Waldstück mit Fluß und Brücke, dat. 1635

Abb. 4 Landschaft mit vier Kühen, dat. 1635

Abb. 5   Landschaft mit dem Wirtshaus

Abb. 6   Landschaft mit einem kleinen Schloß

Abb. 7   Soldaten verlassen eine brennende Stadt, dat. 1637

Abb. 8 Landschaft mit Jäger und Fußgängern, dat. 1639

Abb. 9 Der Eichwald

Abb. 10   Winterlandschaft, dat. 1641

Abb. 11   Bauerngut mit Kuhherde, dat. 1641

Abb. 12   Ansicht von Elburg, dat. 1641

Abb. 13   Landschaft mit dem Falkenjäger, dat. 1641

Abb. 14   Der Gutshof, dat. 1642 (s. auch Farbabbildung Seite 33)

Abb. 15 Abendlandschaft mit einem Dorfe

Abb. 16 Landschaft mit der kleinen Bogenbrücke (s. auch Farbabbildung Seite 34)

Abb. 17 Abendlandschaft mit einem Teich

Abb. 18   Waldlandschaft mit einem Jäger

Abb. 19 Dorf am Abend (s. auch Farbabbildung Seite 35)

Abb. 20 Mondscheinlandschaft mit Bauernhäusern

Abb. 21 Landschaft im Morgenlicht

Abb. 22 Mühlen am Abend

Abb. 23   Eisvergnügen auf einem breiten zugefrorenen Kanal

Abb. 24　Weidelandschaft bei Sonnenuntergang

Abb. 25　Eisvergnügen auf einem breiten Kanal, dat. 1643

Abb. 26   Fröhliches Treiben auf dem Eise, dat. 1643

Abb. 27   Abendlandschaft mit einem breiten, von Büschen und Bäumen eingefaßten Kanal, dat. 1643
(s. auch Farbabbildung Seite 36)

Abb. 28   Abendlandschaft mit den zwei Anglern

Abb. 29 Blick auf einen Kanal zur Sommerzeit

Abb. 30 Feuersbrunst in einer Gracht in Amsterdam

Abb. 31 Kanallandschaft bei Mondschein

Abb. 32 Mondscheinlandschaft mit einem geraden Kanal

Abb. 33   Landschaft mit dem Angler

Abb. 34   Vornehme Gesellschaft auf dem Eise, dat. 1645

Abb. 35   Dorflandschaft mit einem Jäger

Abb. 36   Mondscheinlandschaft mit einer Straße, einem Kanal entlang

Abb. 37 Winterlandschaft mit einem zugefrorenen Kanal

Abb. 38 Landschaft mit drei Gehöften

Abb. 39 Landschaft mit Kühen

Abb. 40 Segelboot bei ruhiger See am Abend, dat. 1644

Abb. 41   Sonnenuntergang auf der See, dat. 1646

Abb. 42   Segelboote im Mondschein

Abb. 43   Hafen im Mondschein

Abb. 44   Landschaft mit Dorf am Fluß, dat. 1645

Abb. 45 Sonnenuntergang auf der Yssel

Abb. 46 Landschaft bei Sonnenaufgang, dat. 1646

Abb. 47   Abendlandschaft mit einer Waldlichtung

Abb. 48 Waldlichtung mit Hirschen

Abb. 49   Landschaft mit dem Vogelsteller, dat. 1646

Abb. 50 Aufbruch zur Jagd, dat. 1646

Abb. 51 Landschaft mit Vieh

Abb. 52   Flußlandschaft mit hohen Bäumen bei Sonnenuntergang

Abb. 53   Landschaft beim Dunkelwerden

Abb. 54   Der Weiler in der Maas

Abb. 55 Les Moulins Hollandais

Abb. 56   Mondscheinlandschaft mit einem baufälligen Schloß, dat. 1646

Abb. 57   Weidelandschaft mit einem Weg

Abb. 58 Dorf im Mondschein

Abb. 59 Flußlandschaft mit Dammweg, dat. 1646

Abb. 60   Mondscheinlandschaft mit einem alten Schloß, dat. 1647

Abb. 61   Landschaft mit zwei Bauern bei einem Kugelspiel, dat. 1649

Abb. 62   Winterlandschaft mit Männern beim Schilfschneiden

Abb. 63   Mondscheinlandschaft mit Fischernetzen

Abb. 64   Mondscheinlandschaft mit einem Holzsteg

Abb. 65　Mondscheinlandschaft mit zwei Herren und einem Knaben

Abb. 66　Nachtlandschaft mit dem Brückenbogen

Abb. 67 Flußlandschaft bei Sonnenaufgang

Abb. 68 Sumpfige Waldlandschaft bei Mondschein

Abb. 69   Mondscheinlandschaft mit einem bellenden Hund

Abb. 70   Mondscheinlandschaft mit dem liegenden Hund, dat. 1653

Abb. 71   Nachtlandschaft mit dem Hirten und sechs Tieren, dat. 1653

Abb. 72   Mondscheinlandschaft mit einem ruhigen Gewässer

Abb. 73 Flußlandschaft im Mondschein (s. auch Farbabbildung Seite 69)

Abb. 74 Mondscheinlandschaft mit einem Fluß

Abb. 75   Flußlandschaft bei Morgendämmerung (s. auch Farbabbildung Seite 70)

Abb. 76   Flußlandschaft bei Sonnenuntergang

Abb. 77 Feuersbrunst bei Nacht an einem Kanal (s. auch Farbabbildung Seite 71)

Abb. 78 Die Brandwolke

Abb. 79 Mondscheinlandschaft mit den drei Windmühlen

Abb. 80   Uferszene bei Mondlicht

Abb. 81   Mondscheinlandschaft mit einem Fluß

Abb. 82   Mondscheinlandschaft mit Fischerbooten (s. auch Farbabbildung Seite 72)

Abb. 83 Eisvergnügen am Abend (s. auch Farbabbildung Seite 89)

Abb. 84 Flußlandschaft mit Flößen

Abb. 85   Winterlandschaft mit einem breiten, zugefrorenen Fluß

Abb. 86   Eisvergnügen vor dem Stadtwall

Abb. 87   Das Abendrot

Abb. 88 Das Schneegestöber

Abb. 88a Winterlandschaft bei aufziehendem Schneesturm (s. auch Farbabbildung Seite 90)

Abb. 89　Eisvergnügen

Abb. 90 Eisvergnügen auf einem von kahlen Bäumen eingefaßten Gewässer

Abb. 91   Eisvergnügen vor einer Stadt (s. auch Farbabbildung Seite 91)

Abb. 92   Viehweide bei Sonnenuntergang

Abb. 93   Eisvergnügen auf einem breiten grasdurchsetzten Gewässer

Abb. 94 Mondscheinlandschaft mit Segelbooten

Abb. 95   Mondscheinlandschaft mit einem breiten Gewässer

Abb. 96 Mondscheinlandschaft mit einem Weg durch ein Dorf

Abb. 97   Stadtgracht im Mondschein

Abb. 98   Der aufgehende Mond

Abb. 99   Der einsame Angler

Abb. 100 Zwei Städtchen an gefrorenem Fluß mit Golfspielern und Eisläufern

Abb. 101 Winterlandschaft mit den Fischreusen (s. auch Farbabbildung Seite 92)

Abb. 102 Flußlandschaft im Mondschein (s. auch Farbabbildung Seite 109)

Abb. 103 Sumpfiges Gelände im Mondschein (s. auch Farbabbildung Seite 110)

Abb. 104 Winterlandschaft mit Schlittschuhläufern bei Sonnenuntergang (s. auch Farbabb. S. 111)

Abb. 105 Hafenansicht

Abb. 106   Gracht und Montalbaansturm im Winter

Abb. 107   Die alte Schanze mit dem Montalbaansturm im Winter

Abb. 108   Winterlandschaft mit Blockhütte (s. auch Farbabbildung Seite 112)

Abb. 109   Am Dorfteich

Abb. 110 Die Stadt in der Ferne

Abb. 111   Flußlandschaft mit einer Stadt

Abb. 112   Eisvergnügen auf einem zugefrorenen Kanal

Abb. 113 Abendlandschaft mit einem breiten Kanal (s. auch Farbabbildung Seite 129)

Abb. 114 Feuersbrunst in einer Stadt

Abb. 115   Eisvergnügen auf einem Dorfkanal

Abb. 116   Nächtliche Flußlandschaft

Abb. 117   Golfspieler auf dem Eis

Abb. 118   Fischfang bei Mondschein

Abb. 119 Große Feuersbrunst in einer Stadt

Abb. 120   Winterliche Erholung auf dem Eise